**2025
제6차 개정**

필수과목 85점 받아 쉽게 합격하는
최적화 유아체육론
유소년 스포츠지도사 필수과목

저자 장승규

- 필수과목인 유아체육론은 다른 선택과목보다 학습 분량이 상대적으로 적고, 내용이 비교적 수월합니다. 이 과목에서 85점 이상 받으면 다른 과목이 다소 부진해도 쉽게 합격할 수 있습니다.
- 유아체육에 관한 대학 교재, 연구 논문, 자격시험 10과목이 모두 수록된 수험서 등 관련 도서가 많지만, 유아체육론에서 85점 이상 받아 쉽게 합격할 수 있도록 최적화되었습니다.

지식닷컴
cafe.daum.net/sports31

스마트폰에서 스캐닝

필수과목 85점 받아 쉽게 합격하는
최적화 유아체육론 2025

저자 : 장 승 규

발행 : 2025. 2. 10

인쇄 : 2025. 2. 10

발행인 : 손 현 숙

발행사 : 지식닷컴

연락처 : 02-848-6865

카페 : http://cafe.daum.net/sports31

국립중앙도서관 서지 정보

ISBN 979-11-91834-44-4   정가 **18,000**원

-저작권법에 따라 무단으로 전재하거나 복제할 수 없습니다.
-잘못된 책은 구입처에서 교환해 드립니다.

머 리 말

필수과목에서 85점 이상 받을 수 있도록 최적화되어 있습니다.

스포츠지도사 자격제도가 2015년부터 바뀌어 이제 11번째 시험을 칩니다. 생활·전문스포츠지도사 이외에도 유소년·노인·장애인 등의 특정 대상 스포츠지도사 자격이 신설되어 이제 정착단계에 이르렀습니다. 유소년 스포츠지도사는 5개 시험과목 중 필수과목인 유아체육론을 포함하여 나머지 7과목 중 4과목을 선택해야 합니다.

필수과목인 유아체육론은 유소년 스포츠지도사가 반드시 이해하고, 숙지해야 할 사항이면서, 학습 분량이 다른 선택과목과 비교하면 상대적으로 적을 뿐 아니라 내용이 비교적 수월합니다. 필수과목에서 높은 점수를 받으면 선택과목에서 다소 부진하더라도 합격할 수 있습니다. 과목별로 각각 20문제가 출제되고, 한 문제당 5점으로 채점하므로, 필수과목인 유아체육론 20문제 중 17문제를 맞추면 85점이 됩니다. 이는 결코 어려운 일이 아닙니다. 이 책을 3번 정도 숙독하면 충분히 가능할 것입니다. 이 책은 쉽게 이해하고, 오래 기억할 수 있도록 만들었으며, 지난 10년간 시행된 시험의 출제 빈도와 출제 유형을 분석하여 학습하는데 편리하도록 구성하였기에 높은 점수를 받아 합격할 수 있도록 최적화되어 있습니다.

필기시험은 객관식으로 출제되므로, 개인에 따라 다소 차이는 있겠지만 완벽한 암기보다는 폭넓은 학습으로, 문제를 보면 그 내용을 연상할 수 있는 정도 수준의 공부가 필요하며, 이를 위해서는 반복 학습이 매우 효과적입니다.

공부하는 도중에 의문 사항이나 질문이 있으면 저가 운영하는 카페 또는 저의 핸드폰으로 전화, 문자 메시지, 카톡 등을 이용하십시오. 많은 분이 좋은 성과를 얻어 필기시험은 물론 실기·구술시험과 연수 과정까지 마치어 자격을 꼭 취득하십시오. 아울러 유소년에게 성의껏 지도하는 위대한 유소년 스포츠지도사가 되십시오.

저자 **장승규** 드림

저 자 소 개

장 승 규
- 동국대학교, 연세대학교 대학원, 명지대학교 대학원 졸업
- 경영학박사
- 한국경영컨설팅협동조합 이사장 역임
- 명지대학교, 서울벤처대학원대학교 교수 역임
- 현)스포츠경영발전협의회 공동대표, 지식닷컴 집필인 대표
- 연락처 : 010-6291-1131 jisig@paran.com

목 차

- ■ 제❶부 필수과목 85점 받는 방법 … 5
  - ● 제1장 공부 시작 전 유아체육론 간보기 … 6
  - ● 제2장 전공과목 85점 이상 받아 쉽게 합격하기 … 9

- ■ 제❷부 과목 이론 학습하기 … 13
  - ● 제1장 유아체육의 이해 … 14
  - ● 제2장 유아기 운동 발달 프로그램 … 32
  - ● 제3장 유아체육 교수 학습법 … 61

- ■ 제❸부 연습문제와 기출문제 … 73
  - ● 제1장 유아체육의 이해 연습문제 … 73
  - ● 제2장 유아기 운동 발달 프로그램 연습문제 … 80
  - ● 제3장 유아체육 교수 학습법 연습문제 … 88
  - ● 2024 기출문제 … 95
  - ● 2023 기출문제 … 100
  - ● 2022 기출문제 … 105
  - ● 2021 기출문제 … 110
  - ● 2020 기출문제 … 115
  - ● 2019~2015 기출문제 … 부록 파일

2019~2015 기출문제인 부록 파일은
아래 URL 또는 QR 코드로
내려받을 수 있습니다.

https://cafe.daum.net/sports31/Sine/5

제 1 부
필수과목 85점 받는 방법

세 부 목 차

제1장 공부 시작 전 유아체육론 간보기 … 6
　1. 유아체육론 간보기 … 6
　2. 유아체육론의 구성 … 7
　3. 유소년 스포츠지도사 자격 … 8

제2장 유아체육론 85점 이상 받아 쉽게 합격하기 … 9
　1. 객관식 시험에서 실력보다 10점 더 받는 법 … 9
　2. 이 책의 특장점 … 10

제1장 공부 시작 전 유아체육론 간보기

간보기란 음식을 조리할 때 적은 양을 미리 먹어보고 입맛에 맞도록 살피는 과정이다. 여기서 간보기란 유아체육론의 개략적 내용을 미리 알아보고 학습 방향과 중요도 등을 파악하는 절차를 말한다.

1. 유아체육론 간보기

가. 유아체육과 유소년 스포츠지도자
① **유아체육** : 인간의 성장과 발달, 인격 형성에 바탕을 이루는 유아기 어린이의 특성에 유의하여 신체적·정신적 발달을 위해 적정한 신체활동을 지도하고, 장차 시민의 일원으로서의 정상적 성장을 목표로 하는 유아의 건강한 발달에 초점을 맞춘 체육학의 한 영역이다.
② **유소년 스포츠지도사** : 국민체육진흥법 시행령 제2조에 따라 만 3세부터 중학교 입학 전까지의 유소년을 대상으로, 행동양식·신체 발달·정신 건강 등에 대한 지식을 갖추고 해당 자격 종목의 체육을 지도하는 사람

나. 유아체육론

1) 연관 학문
① **체육학** : 인간의 출생에서 사망에 이르기까지의 체계적 신체활동을 통해 사회적·심리적·신체적 건강을 유지하여 삶의 질을 향상시키는 학문으로, 선수를 중심으로 하는 전문체육, 일반인을 대상으로 하는 생활체육,  학교체육 등으로 나누고, 생활체육은 연령층에 따라 유소년, 청소년, 사회인, 노인체육 및 장애인 등의 특수체육 등으로 나누고 있다.
② **유아교육학** : 출생 후 가정, 어린이집, 유치원과 같은 유아교육 기관교육과 초등학교 저학년 때까지의 어린이를 대상으로 신체적·정신적·사회적 발달과 안녕을 연구하는 학문

2) 유아체육론의 개요와 지도 대상
① **유아체육론의 개요**
  ㉠ 체육학의 하위 학문이며, 유아교육학의 유사 학문이다.
  ㉡ 유아의 체계적인 운동을 통해 향후 민주 시민의 역할을 하는 데 필요한 신체적·정신적·사회적 건강과 안녕을 유지하고, 장차 민주시민의 일원으로서 성장하는 데 도움을 주는 학문이다.
② **유아체육론의 필요성**
  ㉠ 신체 발달이 시작되며, 앞으로의 습관·태도·정서를 기르는 중요한 시기로, 건강을 증진하고, 정서를 순화하며 건전한 자아개념을 형성한다.
  ㉡ 운동과 놀이를 통해 성취감, 신뢰감과 행복감을 가질 수 있다.
  ㉢ 또래와의 관계 형성은 건전한 사회를 만드는 민주시민의 바탕을 키울 수 있다.
  ㉣ 신체적 발달을 통해 건강과 안녕을 유지할 수 있다.
③ **유소년 스포츠지도사의 지도 대상** : 국민체육진흥법상 유소년의 정의에 의하면 만 3세부터 중학교 취학 전까지를 대상으로 한다.
  [참고] 지도 대상에 대한 해설
  - 통상적 유아 : 2세부터 초등학교 취학 전까지
  - 유아교육법상 유아 : 3세부터 초등학교 취학 전까지
  - 국민체육진흥법상 유소년 : 3세부터 중학교 취학 전까지
  - 통상적 유소년 : 유아와 소년을 아울러 일컫는다.
  - 청소년기본법상 청소년 : 9세 이상 24세 이하인 사람

2. 유아체육론의 구성

가. 유아체육론 출제 기준과 책의 구성

1) 유아체육론의 출제 기준

주요항목	세부 항목
1. 유아체육의 이해	1. 유아기의 특징 2. 유아기 운동 발달 3. 유아기의 건강과 운동
2. 유아기 운동 발달 프로그램의 구성	1. 운동 발달 프로그램의 기본원리 2. 운동프로그램의 구성요소
3. 유아체육 프로그램 교수-학습법	1. 유아체육 지도 방법 2. 유아 운동 발달 프로그램 계획 3. 유아 운동프로그램 지도 4. 안전한 운동프로그램 지도를 위한 환경

2) 책의 구성

구분	단원별
제1부 필수과목 85점 받는 방법	제1장 공부 시작 전 유아체육론 간보기 제2장 필수과목 85점 이상 받아 쉽게 합격하기

제2부 과목 이론 학습하기	제1장 유아체육의 이해
	  1. 유아와 유아체육
	  2. 유아기 운동 발달
	  3. 유아기의 건강과 신체활동
	제2장 유아기 운동 발달 프로그램
	  1. 운동 발달 프로그램의 원리
	  2. 유아체육의 구성
	  3. 누리과정
	제3장 유아체육 교수-학습법
	  1. 유아체육의 지도 방법
	  2. 유아 운동 발달 프로그램의 계획
	  3. 유아체육의 안전과 응급처치

제3부 연습문제와 기출문제	연습문제/제1장 유아체육의 이해 연습문제/제2장 유아기 운동 발달 연습문제/제3장 유아체육 교수-학습법 기출문제

3. 유소년 스포츠지도사 자격

가. 유소년 스포츠지도사 자격 개요

1) 일반과정 자격 취득 절차

| 하계 종목 | ❶ 필기 검정 | → | ❷ 실기·구술검정 | → | ❸ 실무연수 | → | ❹ 자격 취득 |
| 동계 종목 | ❶ 실기·구술검정 | → | ❷ 필기 검정 | → | ❸ 실무연수 | → | ❹ 자격 취득 |

2) 종목 구분

① 하계 종목(61개 종목) : 검도, 게이트볼, 골프, 궁도, 농구, 당구, 댄스스포츠, 등산, 라켓볼, 럭비, 레슬링, 레크리에이션, 배구, 배드민턴, 보디빌딩, 복싱, 볼링, 빙상, 사격, 세팍타크로, 소프트테니스, 수상스키, 수영, 스쿼시, 스킨스쿠버, 승마, 씨름, 아이스하키, 야구, 양궁, 에어로빅, 오리엔티어링, 요트, 우슈, 윈드서핑, 유도, 육상, 인라인스케이트, 자전거, 조정, 족구, 줄넘기, 철인3종경기, 체조, 축구, 카누, 탁구, 태권도, 택견, 테니스, 파크골프, 패러글라이딩, 펜싱, 풋살, 플라잉디스크, 플로어볼, 피구, 하키, 합기도, 핸드볼, 행글라이딩

② 동계 종목(1개 종목) : 스키

3) 2025 시험 일정

구분	필기 검정			실기·구술 검정		
	원서 접수	시험	발표	원서 접수	시험	발표
일자	3/27(목)~31(월)	4/26(토)	5/16(금)	5/28(목)~6/2(월)	6/5(목)~7/3(목)	7/11(금)

나. 필기 검정

1) 필기 검정 시험과목

  ㉠ 필수과목 : 유아체육론
  ㉡ 선택과목 : 스포츠사회학, 스포츠교육학, 스포츠심리학, 한국체육사, 운동생리학, 운동역학, 스포츠윤리(7개 과목 중 4과목 선택)

2) 자격시험 과목인 유아체육론의 특성

  ㉠ 필수과목인 유아체육론은 유소년 스포츠지도사가 되기 위해서는 꼭 기억해야 하고, 합격 이후에도 실무에서 반드시 이해하고 적용해야 할 내용이다.
  ㉡ 필수과목인 유아체육론은 다른 선택과목에 비해 공부해야 할 분량이 상대적으로 적고, 공부할 내용 또한 비교적 수월하다.
  ㉢ 시험과목 5개 중 쉬운 과목에서 고득점 하지 못하면 합격하기 어렵고, 반대로 높은 점수를 받으면 다른 과목이 다소 부진하더라도 쉽게 합격할 수 있다. 그러므로 쉽게 합격하기 위해서는 과목별 선택과 집중하는 전략적 접근이 필요하다.
  ㉣ 과목별 20문제가 출제되고, 한 문제당 5점으로 채점하므로, 필수과목인 유아체육론 20문제 중 18문제가 맞으면 90점이 된다. 이는 결코 어려운 일이 아니다. 이 책을 3번만 반복 학습하면 충분히 가능한 일이다.
  ㉤ 아울러 다음에 나오는 '객관식 시험에서 실력보다 10점 더 받는 법' 내용을 숙지하면 유아체육론에서 85점 이상의 높은 점수를 받을 수 있다.

제2장 유아체육론 85점 이상 받아 쉽게 합격하기

1. 객관식 시험에서 실력보다 10점 더 받는 법

가. 객관식 시험의 출제 유형

객관식 시험에서 10점은 당락을 결정하는 매우 중요한 점수이다. 실력보다 10점을 더 받기 위해서는 출제 유형을 이해해야 하고, 이에 대한 준비가 필요하다.

① **긴가민가형** : "긴가민가"란 참 또는 거짓이 분명치 않은 모양새를 나타낸다. 옳은 것을 찾거나(긴가형), 틀린 것을 찾는(민가형) 형태의 문제이다. 긴가형은 '~에 대한 설명으로 적합한 것은?', '적절한 것이 모두 묶인 것은?' 등이며, 민가형은 '옳지 않은 것은?', '거리가 먼 것은?' 등이 대표적이다. 보기에 제시된 내용이 무슨 의미인지 또는 무엇을 설명하는 것인지 묻는 유형도 포함된다. 대부분 객관식 시험의 70%가 이 범주에 속한다. 긴가형 또는 민가형은 각각 절반 정도로 나누는 것이 보편적이지만, 스포츠지도사 자격검정에서는 민가형이 긴가형보다 더 많이 출제되고 있다. 민가형 문제를 긴가형으로 착각하거나, 그 반대의 경우도 발생하고 있으므로 특히 유의해야 한다.

② **숨바꼭질형** : 핵심 용어나 숫자를 숨겨놓고, 적절한 용어, 수치 혹은 적합한 현상을 찾는 유형이다. 요구하는 답을 정확하게 기억하지 못하면 헷갈리기 쉬운 지문이 제시되어 정답 찾기가 어려운 특징을 갖고 있다. 주로 '( ) 속에 적합한 용어 또는 숫자를 찾으시오.'라는 단일 형태의 유형과 (ㄱ), (ㄴ) 등 둘 이상의 지문을 보기로 제시하고 각각 적합한 용어 또는 숫자를 찾는 형태로 출제된다.

③ **기차놀이형** : 어떤 절차나 현상을 순서에 의해 바르게 나열한 것을 찾는 유형이다. 이 경우 한 가지만의 순서를 요구하기도 하고, 몇 가지 순서를 차례대로 바르게 연결된 것을 찾는 형태로도 출제되고 있다. 이 또한 정확히 기억하지 못하면 헷갈리기 쉬운 지문이 제시된다.

④ **잡동사니형** : 잡다한 것이 뒤섞인 유형이다. 핵심 용어 또는 수치를 비틀어 놓거나, 어떤 현상의 결과가 다른 요소에 미치는 영향을 찾거나, 서로 연관된 요소를 연결하는 등의 유형이다. 다른 형태에 비해 비교적 난이도가 높은 특징을 갖고 있다.

나. 객관식 시험에서 실력보다 10점 더 받는 법

① **별도 노트 정리** : 공부하다 보면 반드시 암기해야 할 사항이 있다. 이때 별도 노트를 만들어 과목별·단원별로 정리하는 것이 좋다. 문제를 풀면서도 이를 보완해야 하고, 별도 노트 정리는 시험이 임박해서 반복 학습할 때 매우 유용하게 활용할 수 있다.

② **"왜요?"와 "그렇구나!"** : 학습자들로부터 "왜 그렇지요?"라는 유형의 질문을 자주 받는다. 필기시험은 객관식으로, 주어진 지문 4개 중에서 가장 가까운 답을 찾는 것이다. 학습 내용에 대한 이해가 어렵거나, 생각이 다르더라도 "그렇구나!"라는 긍정적 마음으로 암기하는 것이 필요하다.

③ **"긴가인가?", "민가인가?"** : 스포츠지도사 필기시험에서는 긴가형보다는 민가형 문제가 더 많이 출제되고 있다. 주의해야 할 사항은 민가형 문제를 긴가형으로 착각하는 경우가 흔히 일어나므로 민가형에는 밑줄 쳐진 부분에 펜으로 동그라미 또는 X표 등으로 표시해 두는 것이 좋다. (사례) 영아기의 설명으로 옳지 않은 것은?)

④ **정답을 찾기 어려운 문제** : 기억하지 못하거나, 정확한 답을 찾기가 어려운 문제도 출제된다. 이 경우 4개의 지문 중에서 가장 정답과 거리가 먼 부분을 순서대로 제외해 나가면 나머지에서 답을 찾기가 훨씬 수월해진다. 이 방법을 잘 활용해야 한다.

⑤ **단정적 문장의 지문** : 단정적 표현(사례) '반드시 ~해야 한다.', '~만 그렇다.' 등) 또는 이질적 성격의 지문이 있으면 민가형 문제이면 이것이 정답이고, 긴가형 문제에서는 비교적 합리적 내용이거나, 단정적 표현이 포함되지 않은 지문이 정답일 가능성이 크다.

⑥ **마킹 실수** : 답안지에 마킹할 때 '1번 몇 번, 2번 몇 번'이라고 마음속으로 읽고, 하나씩 확인해야 마킹 실수를 피할 수 있다. 마킹 실수는 치명타를 입을 수 있다.
⑦ **선택과 집중** : 모든 과목을 높은 점수를 받을 수 있으면 좋겠지만 현실적으로 어렵다. 그러므로 자신 있는 과목에서 높은 점수를 받으면 일부 부진한 과목에서 다소 점수 낮더라도 합격할 수 있다. 특히 기출 아이콘 표시(예 24-01)가 2개 이상 집중 부분은 출제 가능성이 높으므로 잘 외워두어야 할 부분이다.

다. 효과적 학습법
1) 효과적 학습법의 이해
① **학습법의 의미** : 학습법은 특정 시험에서 좋은 성과를 얻기 위해 한정된 범위의 지식 습득 과정으로, 평가 기준이 정해져 있으므로, 이에 적합하게 체계적이고, 반복적 학습이 필요하다.
② **효과적 학습법** : 자격 취득을 목표로 하여 효과적인 방법을 찾아야 하고, 다양한 학습 자료와 기법을 사용하여 최상의 결과를 얻을 수 있어야 한다.

2) 학습 유의 사항
① **학습 계획 수립**
  ㉠ 학습을 시작하면서 시험일까지의 일정을 고려하여 세부적인 학습 계획을 세워야 한다.
  ㉡ 학습 계획을 통해 전체적인 윤곽을 잡을 수 있고, 계획이 수립되면 실천 행동이 구체화 된다.
  ㉢ 필기시험과 실기시험을 구분하고, 과목별·단원별로 나누며, 날짜별, 주별로 학습할 목표를 설정해야 한다.
  ㉣ 시간을 효율적으로 관리하기 위해 매일 일정 시간에 집중하여 학습할 수 있는 시간이 필요하다.
② **학습 유의 사항**
  ㉠ **효율적 시간 관리** : 학습 기간 중 일정 시간 동안 집중적인 시간 확보가 꼭 필요하며, 학습 중에 짧은 휴식을 자주 갖는 것이 좋다.
  ㉡ **기출문제 풀이** : 필기시험과 실기시험 모두 이전의 기출 문제를 풀어보면 문제의 출제유형을 파악하는 데 도움이 되고, 실제 시험 환경을 연상하거나 경험할 수 있어 훨씬 유리하다.
  ㉢ **복습과 반복 학습** : 주기적 복습과 반복 학습은 내용을 장기 기억으로 저장하기 때문에 유리하고, 마지막 단계에서는 요약 자료로 정리하는 것이 좋다.
  ㉣ **다양한 자료 활용** : 교재뿐 아니라 요약 자료, 참고 자료 등을 다양하게 학습하는 것이 좋다.
  ㉤ **휴식과 건강관리** : 학습 기간 중 충분한 수면과 규칙적 운동, 건강한 식단을 유지하는 것이 좋다.

2. 이 책의 특장점

가. 책 제목이 왜 최적화인가?
① **자격시험 수험서로 최적화**
  ㉠ 최적화란 적정 투입으로 성과를 효과적으로 달성하는 것을 말한다. 이 책은 유소년 스포츠지도사 필수과목인 유아체육론 응시자가 필기시험에서 높은 점수를 받을 수 있도록 최적화되어 있다.
  ㉡ 유아체육의 대학 교재, 연구 논문 등 관련 도서가 많이 발간되어 있지만, 유소년 스포츠지도사 자격시험 수험서로서는 여러 가지 부족하다.
② **합격 최적화**
  ㉢ 많은 응시자가 유아체육론이 포함되어 10개 과목이 함께 수록된 필기시험 수험서로 공부하고 있지만 1~2개 과목에서 높은 점수를 얻으면 다른 과목이 다소 부진하더라도 쉽게 합격할 수 있다. 합격하기 위해서는 한두 과목에서는 반드시 90점을 받아야 한다.
  ㉡ 필수과목인 유아체육론에서 90점 받을 수 있도록 내용 학습, 연습문제 풀이, 기출문제 풀이 등 체계적 학습이 가능하도록 최적화되어 있다.

나. 출제 유형 분석

① 출제 유형 분석의 이해
  ㉠ 출제 유형을 예측하는 것은 쉬운 일이 아니지만, 과거의 시험 문제를 분석하면 어떤 형태로 출제되고 있는가에 대해 어느 정도 예측이 가능하다.
  ㉡ 2024년까지 10년간 출제된 200개 문제의 출제 유형을 분석하여 해당 부분에 주석 번호와 함께 페이지 아랫부분에 실려있다.
  ㉢ 출제 유형은 출제 연도와 문제 번호를 기재하여 문제를 쉽게 확인할 수 있도록 하였다.

출제 유형 분석
지난 8년간 문제 유형을 분석하여 페이지 하단에 실려있다.

② 출제 유형 분석의 활용
  ㉠ 출제 유형은 공부하는 내용이 실제 시험에서 어떤 형태로 출제되고 있는 것을 연상하면서 공부할 수 있으므로 단순하게 암기하는 것과 비교하여 훨씬 높은 학습 효과를 얻을 수 있다.
  ㉡ 페이지 하단 주석 번호에 기출문제 아이콘이 여러 줄로 구성되어 있거나, 같은 줄에 기호가 둘 이상 표시되어 있으면 이는 출제 다빈도 부분으로, 더 주의 깊게 공부해야 한다.
  ㉢ 주석 번호가 같으면서 여러 줄로 나눠진 것은 같은 내용에서 출제 유형이 다르며, 같은 줄에 기출 표시가 2개 이상이 있으면 같거나 비슷한 유형의 문제가 여러 번 출제되었음을 나타낸다.
  ㉣ 출제 유형 분석은 보기 등을 생략하고, 유형을 간략한 키포인트로 만든 것으로, 자세한 내용 확인을 위해 출제 연도와 번호를 기재하였으므로 문제를 쉽게 찾을 수 있다.
  ㉤ 오답 찾기형 문제의 출제 유형은 정답을 예로 들고 있지만, 이는 반드시 정답은 아니고, 다른 내용으로도 오답이 제시될 수 있으므로 참고해야 한다.

다. 출제 빈도 분석

① 지난 10년간 출제 빈도 집계

구분	연도	제1회 '15	제2회 '16	제3회 '17	제4회 '18	제5회 '19	제6회 '20	제7회 '21	제8회 '22	제9회 '23	제10회 '24	합계	누적출제 빈도(%)
제1장	1. 유아와 유아체육	1		1	4	2	2	1	4	2	1	18	9.4
	2. 유아기 운동 발달	8	6	2	2	5	4	4	6	4	5	46	23.1
	3. 건강과 신체활동				1		1	1	1	1		5	2.5
	소계	9	6	3	7	7	7	6	11	7	6	69	35.0
제2장	1. 운동 발달의 원리	2	2	5	1	3	1	3	2	1	2	22	11.9
	2. 유아체육의 구성	3	6	7	5	4	5	6	4	7	6	53	25.0
	3. 신체활동 권장 사항		1		1	1	2	2	1	1	1	10	5.0
	소계	5	9	12	7	8	8	11	7	9	9	85	41.9
제3장	1. 유아체육 지도 방법	2	2	2	4	4	3	1	1	1	4	24	11.9
	2. 프로그램 계획	1	2	3	1		1	2	1	3		14	6.9
	3. 안전과 응급처치	3	1		1	1	1			1	1	9	4.4
	소계	6	5	5	6	5	5	3	2	5	5	47	23.1
	합계	20	20	20	20	20	20	20	20	21[1]	20	201	100%

※ 제9회(2023년) 시험의 합계가 21인 것은 15번 문제에서 유아체육 기본 원리와 교수 지도법의 내용 2가지가 1문제로 묶어 출제되어 이를 각각으로 적용하였기 때문이다.

② 장별 누적 출제 빈도

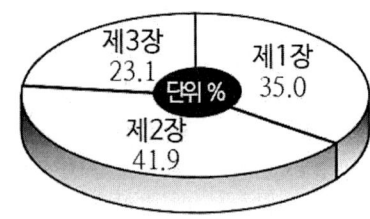

구분	누적 출제 문제 수	누적 출제 빈도(%)
제1장 유아체육의 이해	56	35.0
제2장 유아기 운동 발달 프로그램	67	41.9
제3장 유아체육 교수-학습법	37	23.1
합계	160	100.0

③ 출제 빈도 분석의 해석
  ㉠ 장별 출제 빈도는 중요도 등의 계수를 적용하면 비교적 균분된 것으로 판단된다.
  ㉡ 단원별 출제 빈도를 분석하면 많은 차이를 나타낸다. 제2장〉 2. 유아체육의 구성에서 25.0%, 제1장〉 2. 유아기 운동 발달에서 23.1%, 제3장〉 3. 유아체육 지도 방법에서 11.9%가 출제되었지만, 아주 출제 빈도가 낮은 단원도 있었다.
  ㉢ 출제된 난이도는 객관적 기준을 설정하기 어렵지만 대체로 쉽게 풀 수 있는 문제와 그렇지 못한 경우가 함께 출제되었다.
  ㉣ 단원별 출제 빈도 분석은 공부할 때 어느 단원을 중점적으로 공부해야 하는지를 판단하는 기준으로 삼을 수 있다.

라. 책에서 사용한 기호 설명

기호	설명
요점	본문 내용을 정리한 것이다. 객관식 4지선다형 시험은 요점정리만 잘 외워도 높은 점수를 받을 수 있으므로 내용을 꼭 기억해야 한다.
참고 / 참고	학습 내용에 대한 보충설명이다. 위의 검은색 바탕 흰색 글씨 '참고'는 중요한 내용으로, 출제 가능성이 있으므로 암기가 필요하고, 흰색 바탕의 검은색 글씨는 본문 내용 이해에 도움이 되는 설명이다. 참고가 있는 본문에는 밑줄이 쳐져 있다.
용어 / 용어	용어 해설이다. 바탕과 글씨 색깔은 위의 참고와 같이 꼭 기억해야 하는 것은 검정 바탕에 흰색 글씨이고, 참고할 수준의 내용은 흰색 바탕에 검정 글씨이다. 본문에 밑줄이 쳐져 있다.
인명	이론을 처음 주장한 사람에 대한 설명으로, 내용을 이해하는 데 도움이 된다.
24-01	기출문제 출제 유형 분석이며, 앞 두 자리는 출제 연도, 뒤쪽 두 자리는 문제 번호이다. 출제 문제의 번호를 표기한 것은 실제 문제의 내용을 쉽게 확인할 수 있도록 하기 위함이다.

제2부
과목 이론 학습하기

세부목차

제1장 유아체육의 이해 … 14
   1. 유아와 유아체육 … 14
   2. 유아기 운동 발달 … 18
   3. 유아기의 건강과 신체활동 … 29

제2장 유아기 운동 발달 프로그램 … 32
   1. 운동 발달 프로그램의 원리 … 32
   2. 유아 운동의 구성 … 35
   3. 유아기와 유소년기의 신체활동 … 56
   4. 누리과정과 초등학교 체육과 교육과정 … 58

제3장 유아체육 교수 학습법 … 61
   1. 유아체육의 지도 … 61
   2. 유아 운동프로그램 … 66
   3. 유아체육의 안전과 응급처치 … 69

제1장 유아체육의 이해

1. 유아와 유아체육

가. 유아체육

1) 유아체육의 개요

① <u>유아체육의 개념</u> : 놀이를 중심으로 한 신체활동을 통해 유아의 성장·발달을 도와 건강한 신체와 건전한 정신을 기르고 전인적 인간을 만들기 위한 교육

> [참고] 유소년체육의 개념 : 유소년체육은 잘 사용하지 않지만, 유아체육과 같은 개념이다. 국민체육진흥법에서는 유소년 스포츠지도사로 명명되어 있다.

② 유아와 유소년의 법령상 정의[1]
  ㉠ 국민체육진흥법상 유소년의 정의 : 만 3세부터 중학교 취학 전까지
  ㉡ 영유아보육법상 유아의 정의 : 6세 미만의 취학 전 아동
  ㉢ 유아교육법상 유아의 정의 : 만 3세부터 초등학교 취학 전까지의 어린이

③ 유소년 스포츠지도사[2]
  ㉠ 유소년 스포츠지도사의 이해 : 국민체육진흥법 시행령 제2조에 의해 유소년을 대상으로, 행동양식·신체 발달 등에 대한 지식을 갖추고 해당 자격 종목에 대하여 체육을 지도하는 사람
  ㉡ 유소년 스포츠지도사의 전문 자질 향상 방법
    • 유소년 스포츠지도사 자격증 취득과 연수 과정 참여
    • 아동의 안전사고에 대비하여 필요 지식 습득

2) 유아체육의 목적과 특징

① <u>유아체육의 목적</u>[3]
  ㉠ 신체 발달 : 키, 몸무게, 대·소근육의 발달, 체력 증진
  ㉡ 건강 증진 : 규칙적 운동으로 건강 증진
  ㉢ 안전한 생활 : 놀이기구, 도구 등의 안전한 사용과 위험 예방
  ㉣ 운동 능력 발달 : 운동의 기본 기술 습득, 감각과 신체 부분 간 협응력 향상, 순발력·근력·유연성 등 운동 능력의 발달
  ㉤ 사회성 발달 : 사회생활에 따른 사람 관계의 형성과 강화, 소속감과 협동심 강화
  ㉥ 정서적 발달 : 규칙 준수 등을 통해 통제력, 발표력 강화와 스트레스 해소 등으로 긍정적 정서 형성
  ㉦ 인지적 발달 : 두뇌 발달, 다양한 신체활동 등을 인지하는 능력의 향상
  ㉧ 정서적 즐거움 : 유아체육을 통해 즐거움을 얻는다.

② 유아체육의 특징[4]
  ㉠ 집중력 향상을 위해 놀이 중심의 신체활동과 지적 활동을 병행한다.

---

1) **20-07** 영유아보육법상 영유아에 대한 설명으로 적합한 것을 찾는 유형
2) **22-15** 국민체육진흥법상 유소년의 정의와 유소년 스포츠지도사의 지도 대상, 자질 등에 대해 보기로 제시된 내용 중 옳은 것을 모두 고르는 유형
   18-01 국민체육진흥법상 유소년의 정의로 옳은 것을 찾는 유형
   18-06 유소년 스포츠지도사의 전문 자질 향상 방법으로 틀린 것을 찾는 유형
3) **19-02** 보기에 제시된 내용 중 유아기 운동 효과를 모두 고른 것을 찾는 유형
4) **22-13** 유아체육의 특징이 아닌 것을 찾는 유형으로, '스포츠 활동에 필요한 전문화된 기술 습득을 강조한다.'라는 것이 오답 찾기의 정답이다.
   21-02 신체 및 운동 발달의 특징으로 옳은 것을 모두 고른 것을 찾는 유형

ⓒ 신체활동에 의한 성장과 발달을 통해 전인적 인간 육성을 지향한다.
ⓔ 발육과 발달에 중점을 둔다.
③ 민감기와 발달과업[1]
ⓐ 민감기 : 특정 능력이나 행동을 발달시키는 최적의 시기
ⓑ 발달과업 : 민감기를 고려하여 적절한 운동프로그램을 시행하면 발달과업을 효과적으로 수행할 수 있다.

나. 유아기와 아동·청소년기

1) 유아기의 개념
① 유아기의 정의
　ⓐ 생후부터 만 6세까지의 어린아이
　ⓑ 지적 능력이나 정서적 능력보다 운동기능이 발달하는 시기
② 유아 발달과 관련된 구분

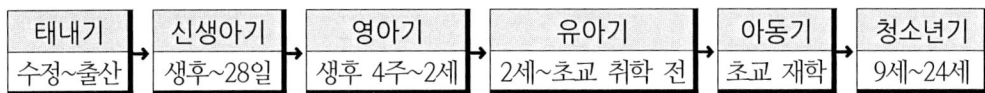

태내기(수정~출산) → 신생아기(생후~28일) → 영아기(생후 4주~2세) → 유아기(2세~초교 취학 전) → 아동기(초교 재학) → 청소년기(9세~24세)

③ 신체 형태적 발달 주기

구분	제1 충실기	제1 신장기	제2 충실기	제2 신장기
연령	2~4세	5~7세	8~12(남), 8~10(여)	8~12(남), 11~14(여)

[참고] 충실기와 신장기 : 충실기에는 살이 찌고, 신장기에는 키가 크는 특징을 갖고 있다.

2) 유아의 나이별 특성
① 태내기
　ⓐ 배란기(발아기, 수정~2주) : 수정 난자의 세포분열과 9~12일 사이 자궁 착상
　ⓑ 배아기(임신 기간의 첫 8주) : 배아기 때는 3개의 세포층으로 이루어진다.

층	계통
내배엽	소화계, 호흡계, 선계
중배엽	근육계, 골격계, 순환계, 생식계
외배엽	중추신경계, 감각 종말기관, 말초신경계, 피부, 머리카락, 손톱

　ⓒ 태아기(임신 후 8주 이후부터 출생 때까지) : 생식기관 분화와 신체 기관들의 정교화가 일어난다.

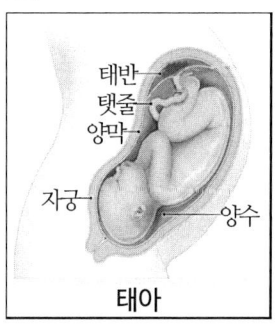

태아

② 신생아기
　ⓐ 출생 후부터 28일(4주)까지의 기간
　ⓑ 이때 모습은 머리가 신체 전체 길이의 1/4 정도
　ⓒ 키와 무게가 성인과 비교하여 1/20 정도
③ 영아기[2]
　ⓐ 영아기는 생후 4주~2세까지
　ⓑ 신체가 빠르게 성장하고 피하 조직이 많이 증가
　ⓒ 생후 약 12개월경 걸음마 시작
　ⓓ 신체 부위별 성장 비율이 일정하지 않다.

---

1) 22-20 민감기와 발달과업에 대한 설명을 보기로 제시하면서 ( ) 속에 적합한 용어를 찾는 유형
2) 15-01 영아기에 대한 설명으로 틀린 것을 찾는 유형으로, '신체 부위별 성장 비율이 일정하다.'가 오답 찾기의 정답이다.

④ 유아기
- ㉠ 만 2세부터 초등학교 취학 전까지
- ㉡ 만 2세 이후 유아기에는 성장 속도는 영아기보다 줄어든다.
- ㉢ 키는 83.8~119.4cm이고, 체중은 11.3~24kg 정도

[참고] 유아기 : 유아교육법상은 만 3세부터 초등학교 취학 전까지이다.

3) 아동·청소년기
① 아동·청소년기의 일반적 개념
- ㉠ 초등학교에 다니는 아이
- ㉡ 신체적·지적으로 미성숙 단계
- ㉢ 신장과 체중이 지속적으로 증가
- ㉣ 사춘기에 들어가기 전 키가 크고 살이 찐다.
- ㉤ 아동기를 초기 아동기, 후기 아동기로 구분하기도 한다.

② 청소년기본법상의 청소년 : 청소년기본법에는 청소년을 9세 이상 24세 이하인 사람으로 규정하고 있다.

③ 아동·청소년기의 특성[1]
- ㉠ 안정 시 분당 호흡수는 출생 후 점차 줄어든다.
- ㉡ 남아의 유연성은 사춘기 전후에 여성보다 빠르게 감소한다.
- ㉢ 안정 시 분당 심박수는 평균적으로 신생아가 4~5세 아동들보다 높다.

라. 신생아의 반사

1) 반사의 이해
① 반사(reflex)의 개념
- ㉠ 출생 후 나타나는 기본적 움직임으로, 의지와 상관없이 일어나는 불수의적 운동
- ㉡ 반사는 특정 발현 시기에 나타났다가 일정 시간이 지나면 자연적으로 없어진다.

[요점] 반사 : 운동 발달의 기초가 되며, 반사를 통해 중추신경계 장애를 진단할 수 있고, 영아의 생존과 관련이 있는 불수의적 운동

[용어] 불수의적 : 본인의 의지와 관련 없이 일어나는 동작이나 운동

② 반사의 역할[2]
- ㉠ 운동 발달의 기초가 된다.
- ㉡ 신생아의 생존을 돕는 임무를 수행한다.
- ㉢ 미래 움직임에 대한 예측 역할을 한다.
- ㉣ 영아의 중추신경계 장애를 진단할 수 있다.

③ 반사 검사
- ㉠ 반사의 출현과 소멸에 대해서는 전문가의 별도 진단이 필요하다.
- ㉡ 특히 중추신경계의 이상 유무 진단은 숙달된 전문가가 진단해야 한다.

---

1) 18-14 아동·청소년기의 신체 발달 특징으로, 틀린 것을 찾는 유형으로, '아동기의 근력은 성장에 따라 발달하지 않는다.'라는 것이 오답 찾기의 정답이다.
2) 20-05 반사의 역할에 대한 설명으로 틀린 것을 찾는 유형

2) 반사의 유형 : 원시반사, 자세 반사, 운동반사 등으로 분류한다.

① 원시반사[1]

구분	반응	역할과 중요성	발현 시기
모로 반사	• 큰소리 또는 갑작스러운 위치 변화에 팔다리와 손가락을 펴서 안으려는 자세를 취한다. • 모로 반사가 나타나지 않으면 중추신경계의 이상으로 진단하고 있다.	어머니에게 매달리는 역할	출생~6개월
놀람반사	갑작스러운 큰 소리에 팔꿈치를 굽혀 팔을 벌리는 자세를 취한다.		7~12개월
포유 반사 (찾기 반사)	입 주위를 건드리면 입을 벌리면서 고개를 돌려, 젖을 빨려는 자세를 취한다.	섭식과 관련되어 젖꼭지를 찾는다.	출생~12개월
흡입 반사 (빨기반사)	입에 손가락을 대면 젖을 빨려는 자세를 취한다.	섭식과 관련되어 젖꼭지를 찾는다.	출생~3개월
눈 깜박임 반사	불빛을 비추면 두 눈을 깜박인다.	눈과 시력 보호	출생~2주
손바닥 파악 반사	손바닥 또는 손가락이 자극을 받으면 잡으려는 자세를 취한다.	파지 능력 배양	출생~6개월
하악반사	입을 열고 아래턱에 자극을 주면 입을 닫으려는 자세를 취한다.	피질 적수 질환 시 현저히 발생	출생~3개월
발바닥 파악 반사	발가락이나 발바닥이 자극을 받으면 발가락을 오므린다.		4~12개월
바빈스키 반사	발바닥이 자극을 받으면 다리를 움츠리고, 발가락을 펼치는 자세를 취한다.	척추 하부조직 이상 시 미발생	출생~4개월
비대칭성 목 경직 반사	• 얼굴을 한쪽으로 돌려 눕히면 얼굴을 향하는 쪽 팔을 뻗고, 반대편 팔을 움츠려 펜싱 선수 모습을 취한다. • 눈·손의 협응과 좌·우측 인식의 발달 수준을 추측할 수 있다.	눈과 손의 협응력을 기른다.	출생~6개월
대칭성 목 경직 반사			6~7개월

② 자세 반사[2]

구분	반응	중요성	발현 시기
직립 반사	몸을 여러 방향으로 움직였을 때 머리를 직립으로 유지하려는 자세를 취한다.		2~12개월
시각바로잡기반사	시각을 통해 목과 팔다리로 균형을 잡아 머리를 바로 유지하려는 자세를 취한다.		6~12개월
당김. 반사	앉은 상태에서 손을 잡으면 팔을 구부려 일어서려는 자세를 취한다.		3~12개월
낙하산반사	뒤에서 안아 상체를 아래로 내리면 손을 뻗고, 손바닥으로 몸을 보호하려 한다. 중력 반사라고도 한다.	추락에 대한 보호반응	4~12개월
지지 반사	몸통을 잡고 좌우로 움직이면 원래 자세를 유지하려는 자세를 취한다.		4~12개월

---

[1] **23-10** 여러 가지 반사 행동 중 같은 유형의 반사를 보기에서 모두 고른 것을 찾는 유형으로, 모로 반사, 목 경직 반사, 목 나누기 반응은 위협에 대해 어머니에게 안기려는 반사이다.
　　21-03 비대칭 목 경직 반사에 대한 설명으로 틀린 것을 찾는 유형
　　18-03 원시반사에 대한 설명이 바르게 된 것을 찾는 유형
　　17-06 모로 반사 내용을 보기로 제시하고 무슨 반사인지 묻는 유형
[2] **19-15** 낙하산반사 내용을 보기로 제시하고, 무슨 반사인지 묻는 유형

목 자세 반사	눕거나 엎드린 자세에서 머리를 한쪽으로 돌리면 목 아랫부분을 같은 방향으로 움직이려는 자세를 취한다.	눈과 손의 협응력을 기른다.	출생~6개월
몸통 지지 반사			6~12개월

③ 운동반사[1]

구분	반응	중요성	발현 시기
기기 반사	엎드린 상태에서 발바닥에 자극을 주면 기어 앞으로 가려는 자세를 취한다.		출생~4개월
걷기 반사	• 겨드랑이를 잡고 바닥에 발이 닿으면 발을 움직여 걷는 자세를 취한다. • 걷기 반사 검사로 수의적 운동 행동의 발달을 추측할 수 있다.	이후 걷기 활동을 잘할 수 있다.	6~12개월
수영 반사	물속에 넣으면 수영하는 것처럼 팔을 젓고 발로 물을 차는 자세를 취한다.	물에 빠지지 않기 위한 생존 본능	출생~5개월

2. 유아기 운동 발달

가. 발달의 이해

1) 발달의 개념

① 발달(development)의 정의 : 태어나서 죽을 때까지 계속되는 신체의 질적·양적 변화

② 발달의 특성[2]

㉠ 성숙과 학습은 인간 발달에 큰 영향을 미친다.
㉡ 유아 발달은 일정한 순서가 있으며, 중추신경이 발달하고 다음 말초신경이 발달한다.
㉢ 발달은 일정 순서로 지속되지만, 속도는 일정하지 않고, 개인차가 존재한다.
㉣ 유아 발달은 최적기가 있다.
㉤ 발달은 지속적이고 점진적이다.
㉥ 발달은 분화와 통합으로 구성된다.
㉦ 소근육 운동의 발달은 눈과 손이 협응하여 손기술을 정확하게 구사하는 능력으로, 중추신경계통의 성숙을 의미한다.

참고 성장과 성숙의 차이[3]
1) 성장 : 발달 과정에서 일어나는 키, 몸무게, 체격 등의 양적 변화
2) 성숙 : 신체적 성장을 바탕으로 한 정신적 또는 질적 변화

2) 유아기 성장·발달 영향 요인

① 유아기 성장·발달에 영향을 미치는 요인

㉠ 영양 섭취 : 성장 지체는 영양 상태, 지속시간, 시작 시점에 의해 좌우된다. 영양실조는 신체 성장을 방해할 뿐만 아니라 특정 질병의 발생 요인이 된다.
㉡ 운동과 손상 : 운동을 포함한 신체활동은 유아 성장에 도움을 주지만 지나치게 과도한 활동은 손상 등의 부정적 영향이 올 수 있다.
㉢ 질병과 기후 : 질병이나 질환이 성장을 지체시키고, 심각한 병에 걸릴 수 있게 한다. 기후는 영양과 건강의 상호작용에 부정적 영향을 초래할 수 있다.

요점 유아의 성장·발달 영향 요인 : 영향 섭취, 운동과 손상, 질병과 기후

---

1) **22-16** 반사에 대한 설명으로 틀린 것을 찾는 유형으로, '걷기 반사를 통해 불수의적 운동 행동의 발달을 추측할 수 있다.'라고 수의적 운동 발달을 추측하는 것을 비틀어 놓아 오답 찾기의 정답이다.
2) **22-01** 발달의 특성 설명으로 틀린 것을 찾는 유형으로, 말초신경이 발달한 다음에 중추신경이 발달한다는 것이 오답 찾기의 정답이다.
3) **24-07** 발달과 성숙, 성장의 개념을 보기로 제시하고, 각각 무엇이라고 하는지 묻는 유형

② 운동 발달과 관련성 높은 신체 감각[1] : 시각 체계와 운동감각 체계
③ 유아기 행동 발달 순서[2]

| ❶ 인식 단계 | → | ❷ 탐색 단계 | → | ❸ 탐구 단계 | → | ❹ 활용 단계 |

④ 유아기 성장·발달에 영향을 미치는 요소[3] : 성숙과 경험

나. 유아기의 정서 발달

1) 유아기의 건강과 체력

㉠ 심폐지구력 발달 : 심폐지구력은 순환계와 호흡계를 활용하여 고강도 운동을 지속적·반복적으로 사용하는 데 필요한 능력이다.
㉡ 근력 발달 : 3~4세 때 근력이 급속히 발달하여 5~6세가 되면 근육을 형성하는 근섬유가 굵어지고, 근력이 강해진다.
㉢ 근지구력 발달 : 근력 운동을 계속할 수 있는 능력으로, 남아의 근지구력이 여아의 근지구력보다 조금 높지만, 사춘기에는 여아가 남아보다 높아지기도 한다.
㉣ 유연성 발달 : 관절의 움직임 능력을 말하며, 유연성은 관절에 따라 다르고 연습을 통해 향상될 수 있다.
㉤ 신체 조성의 발달 : 건강과 밀접한 관련이 있는 체력 요소이다. 지방이 비정상적으로 증가하면 비만이 발생한다.

[용어] 신체 조성(body composition) : 체지방량과 제지방량의 비율

2) 유아기의 정서 발달

① 유아기 정서 발달의 이해[4]

㉠ 정서 발달의 개념 : 신체 움직임으로 타인에게 작용하는 느낌과 감정을 경험하면서 신체적·심리적·생리적 반응과 여러 감정이 조화롭게 발달하는 것을 말한다.
㉡ 유아기의 기본 정서 : 흥미, 괴로움, 만족감, 혐오감
㉢ 유아기 정서적 발달의 특성
• 친구와 어울려 잘 놀기도 하지만 싸우기도 한다.
• 자아가 발달하기 시작하는 시기로, 자기의 주장을 굽히려 하지 않는다.
• 타인에 대한 이해력이 부족하므로 자기중심적 사고나 행동이 많다.
• 남자와 여자아이의 성역할이 뚜렷하게 구분되지 않는다.
㉣ 정서 발달의 구분

연령	정서 표현 특징
6개월	손가락을 자주 빨며, 부정적으로 생각되는 사항은 고개를 돌려 정서를 표현한다.
7~12개월	분노·슬픔 같은 일차적 정서가 분명해지고, 정서적 자기조절이 향상되며, 스스로 몸을 흔들거나, 물건을 빠는 행동이 잦아지며, 불쾌한 자극에 대해 의도적으로 피하려고 한다.

---

1) **20-08** 운동 발달과 관련된 감각 체계를 보기에서 모두 고른 것을 찾는 유형으로, 시각 체계와 운동감각 체계는 운동 발달과 관련된다.
2) **15-16** 유아기 행동 발달 순서가 바르게 연결된 것을 찾는 유형으로, 정답은 '인식→탐색→탐구→활용 단계'이다.
3) **16-07** 유아의 운동 능력 발달에 영향을 미치는 2가지 요소를 찾는 유형으로, 정답은 성숙과 경험이다.
4) **16-17** 유아기의 기본 정서를 모두 묶은 것을 찾는 유형
 15-04 유아의 정서적 발달 특성이 아닌 것을 찾는 유형으로, '성역할이 뚜렷하여 남녀를 구별하여 놀이한다.'라는 것이 오답 찾기의 정답이다.
 15-03 후기 아동기 시기의 정서 발달 특징에 대한 설명으로 틀린 것을 찾는 유형

1~3세	자신에 대해 인식 정서가 생기며, 정서 조절 능력이 향상되고, 싫어하는 자극을 스스로 멀리하거나 거절하려고 한다.
3~6세	인지 능력이 향상되며, 정서를 감추거나 간단한 표출 규칙을 나타낸다.
6~12세	정서 조절이 향상되며, 행동의 내면화된 기준과 결합하며, 자기조절은 더욱 다양해지면서 정서 표현이 더욱 복잡해진다. 타인의 정서를 이해하기 위한 내적·외적 단서를 통합하기 시작한다.

　　　ⓜ 후기 아동기의 정서 발달 특징
　　　　• 정서적으로 미성숙하고, 가정에서나 학교에서 다른 행동을 나타낸다.
　　　　• 자아중심적 경향이 강하다.
　　　　• 소집단활동에서는 잘 놀지만, 장시간의 대집단 놀이는 미숙하다.
　　　　• 가끔 공격적 경향과 과잉 반응을 나타내는 행동을 한다.
　　　　• 남아와 여아의 관심사가 비슷하지만, 이후부터 성별로 점차 차이가 나기 시작한다.
　　　　• 여아가 남아보다 신체 성장이 빠르다.
　　② **유아기의 신체적 자기개념**[1]
　　　　㉠ 신체적 자기개념의 의미 : 자기 신체에 관한 개인적 생각을 말한다.
　　　　㉡ 유아기 신체적 자기개념의 특징
　　　　　• 유아기 신체적 자기개념은 복합적 개념으로, 자기효능감과 관련된다.
　　　　　• 운동은 신체적 능력에 대한 개념을 형성하는 데 도움을 준다.
　　　　　[용어] 자기효능감 : 목표 달성을 할 수 있다는 자기 능력에 대한 스스로의 평가

다. 유아기의 인지발달
1) 인지발달의 개념
　　　㉠ 인지발달은 표현력, 사고력, 창의력, 종합력 등 인간 두뇌 기능의 전발달을 뜻한다.
　　　㉡ 눈에 보이는 사물이나 현상을 자기 경험을 기준으로 생각하는 단계를 지나, 추상적이거나 미래 가능성 등을 상상하는 능력이다.

2) 피아제의 인지발달 이론
　① 피아제의 인지발달 이론의 개념[2]
　　　㉠ 사물을 인지하고, 지식을 동원하여 문제를 해결하며, 현상을 이해하는 과정을 설명한다.
　　　㉡ 환경과 상호작용을 통해 지속적이고 확실한 방식인 도식(scheme)의 결과로 나타난다.
　　　㉢ 경험을 토대로 동화, 조절, 평형화의 과정을 통해 도식이 발달하며, 조직화와 적응을 강조한다.
　　　[인명] 피아제(Jean Piaget, 1896~1980) : 스위스 심리학자로, 인지발달 연구의 선구자이다.
　　　[참고] 도식 : scheme은 계획, 전략 등으로 해석하는 용어이다. 인지발달 이론에서는 도식으로 해석하는 중요한 개념으로, 시험에 출제되는 내용이다. 도식의 형성 과정에 동화와 조절, 평형화가 결과로 나타난다.

---

1) **21-16** 유아기 신체적 자기개념에 대한 설명이 바르게 된 것을 찾는 유형
2) **24-09** 피아제의 인지발달 이론과 비고츠키의 상호작용 이론(=사회문화적 이론)을 설명하면서 일부를 ( )로 비워놓고, 적절한 용어를 찾는 유형 ※ 아래의 ⑤ 비고츠키의 상호작용 이론에 중복 게재
　　22-12 **19-08** 보기로 인지발달 이론 내용을 제시하고, 무슨 이론인지 묻는 유형
　　15-02 인지발달 이론에 대한 설명으로 틀린 것을 찾는 유형으로, '모든 사람이 형식적 조작기에 이를 수 있다.'라는 것이 오답 찾기의 정답이다.

② 인지발달의 형성 과정[1]
  ㉠ 동화(assimilation) : 새로운 정보나 자극이 유입되면 기존 도식(scheme)을 사용하여 해석한다.
  ㉡ 조절(accommodation) : 기존 도식으로 새로운 현상을 이해할 수 없을 때 새로운 현상에 적합하도록 도식을 바꾼다.
  ㉢ 평형화(equilibrium) : 인지기능에 따라 새롭게 형성된 인지구조로 새로운 환경을 이해할 수 있는 사고의 균형 상태
  ㉣ 조직화(organization) : 사물이나 사건에 대한 정보를 재구성하여 도식의 새로운 결합을 의미한다.

③ 인지발달 이론의 단계[2]

연령	단계	특징
출생~2세	감각운동기	• 환경을 탐색하고 환경을 이해하기 위해 영아기에는 감각 운동 능력을 사용하기 시작한다. • 출생 시 영아들은 세상에 적응하기 위한 선천적 반사만 갖고 있다.
2~7세	전조작기	• 지각운동 시기로, 사물과 사건의 관계를 인식하는 사고능력이 발달하기 시작하지만 자기중심적이다. • 게임을 할 때 일반적 규칙이나 전략을 사용할 수 있지만 완전하지는 못하다.
7~11세	구체적 조작기	• 인지 조작(논리적 사고의 구성요소인 정신적 활동)을 사용한다.
11세 이상	형식적 조작기	• 청소년기의 인지 조작은 조작에 대한 조작을 허용하는 방식으로 재조직화된다. • 사고는 체계적이고 추상적이다. • 일부의 경우 형식적 조작기를 거치지 않기도 한다.

요점 인지발달 단계이론 : 출생~2세(감각운동기) → 2~7세(전조작기) → 7~11세(구체적 조작기) → 11세 이상(형식적 조작기)

라. 유아기 운동 발달 이론

1) 운동 발달의 개요
  ㉠ 운동 발달이란 생애 주기에 따라 일어나는 운동의 점진적인 변화를 말한다.
  ㉡ 유아를 이해하고, 유아체육을 지도하기 위해서는 유아의 성장 과정을 설명하는 발달 이론을 이해하고 적용할 수 있어야 한다.
  ㉢ 운동 발달 이론은 아래와 같이 여러 학자의 견해가 인용되고 있다.

참고 운동 발달 : 운동 발달은 전 생애에 일어나지만 여기서는 유아기 운동 발달을 말한다.

2) 유아기 운동 발달에 관한 연구 이론[3]
① 게젤의 성숙주의 이론 : 유아의 발달을 위해 성인의 개입을 최소화하고, 유아 스스로 발달 준비가 되었을 때 자신의 발달 수준에 적합한 활동을 스스로 선택해 활동해 나가는 것을 기본으로 하는 것을 강조하는 이론이다.

인명 게젤(Gesell, 1880~1961) : 미국의 소아과 의사로, 아동심리학자이다. 아동 발달에 관한 많은 연구와 논문을 발표하였다.

---

1) 22-04 인지발달의 형성 과정에 대한 설명을 보기로 제시하면서 일부 ( )로 비워놓고, 동화, 조절, 조직화의 해당 설명을 바르게 연결한 것을 찾는 유형
   21-01 피아제의 도식 형성 과정이 아닌 것을 찾는 유형
   18-13 도식 형성 과정에 대한 설명으로 틀린 것을 찾는 유형
2) 17-03 전조작기 내용을 보기로 제시하고, 무엇이라고 묻는 유형
   16-20 인지발달 단계에 포함되지 않는 것을 찾는 유형으로, 직관적 조작기가 오답 찾기의 정답이다.
3) 20-12 유아기 운동 발달에 관한 내용 설명 중 틀린 것을 찾는 유형
   19-11 게젤의 성숙주의 이론과 브론펜브레너의 생태학적 이론 내용을 보기로 제시하고, 무슨 이론인지 묻는 유형

② 파블로프의 고전적 조건 이론
　㉠ 어떤 자극으로 일어나는 반응은 그것과 다른 성질의 자극으로도 동일한 반응을 일으키게 할 수 있다는 것을 설명하는 이론이다.
　㉡ 1904년 러시아 생리학자 파블로프는 개에게 먹이를 주면서 종소리를 들려주었더니 그다음 종소리만 울려도 개가 먹이를 주는 것으로 생각하고, 침을 흘린다는 것을 실험으로 증명하였다.
　㉢ 작업장의 근로자나 학교 학생들에게도 적용하였지만, 인간은 동물과 달리 단순하지 않으므로 이 이론을 증빙하는 데 한계가 있었다.
　[인명] 파블로프(Pavlov, 1849~1936) : 러시아 생리학자로, '파블로프의 개'는 개가 종소리만 들으면 음식을 먹기 위해 침을 흘려 조건화되었다는 것으로, 많이 인용되는 이론이다.

③ 손다이크의 자극 반응 이론
　㉠ 자극(Stimulus)으로 신체가 반응(Response)한다는 이론으로, 손다이크가 주장하였다.
　㉡ SR 이론이라고도 하며, 자극과 반응의 결합설을 주창한 것이 이 이론의 시초이다.
　[인명] 손다이크(Thorndike, 1874~1949) : 미국의 심리학자로, 동물의 행동에 대한 많은 업적을 남겼다.

④ 스키너의 조작적 조건화 이론1)
　㉠ 스키너의 조작적 조건화 이론은 행동주의 이론이라고도 한다.
　㉡ 긍정적 결과가 나타나는 행동은 계속 수행하고, 부정적 결과가 나타나는 행동은 회피하도록 학습하게 될 때 발생한다는 이론이다.
　㉢ 인간의 발달은 환경에 따른 훈련으로 이루어지며, 학습으로 긍정적 행동 촉진을 강조한다.
　㉣ 행동의 결과가 좋으면 행동을 반복한다. 이때 결과가 좋으면 보상(reward)이라 하고, 보상을 통해 어떤 행동의 발생 빈도가 증가하는 것을 강화(reinforcement)라고 한다.
　[인명] 스키너(Skinner, 1874~1949) : 미국의 행동주의 심리학자로, 조작적 조건화 이론은 스키너의 행동주의 이론이라고도 한다.

⑤ 비고츠키의 상호작용 이론2)
　㉠ 사회적 상호작용을 통해 환경에 대응하며 운동기능을 발달시킨다는 이론으로, 부모 또는 지도자, 또래 집단의 상호작용이 운동 발달에 영향을 미친다고 주장하였다.
　㉡ 비고츠키는 학습이 문화적으로 형성되는 인간 특유의 심리적 기능 발달 과정의 필수적이고 공통되는 부분으로, 집단 활동의 구성은 운동 발달의 효과적 교수법이다.
　㉢ 비고츠키의 상호작용 이론의 주요 개념 : 내면화, 근접발달 영역(ZPD, zone of proximal development), 비계설정(Scaffolding)
　[인명] 비고츠키(Lev Vygotsky, 1896~1934) : 러시아의 교육심리학자이다.
　[참고] 상호작용이론 : 사회문화적 이론이라고도 한다.

⑥ 피아제의 정보처리이론
　㉠ 사람이 지속적으로 변화하는 사고 과정에 초점을 둔 이론이다.
　㉡ 행동주의 이론과 피아제의 인지 이론인 인간의 사고 과정에 대한 제한적이고 모호한 사항을 보다 체계적이고 과학적으로 접근한 이론이다.
　㉢ 정보처리 이론의 프로세스

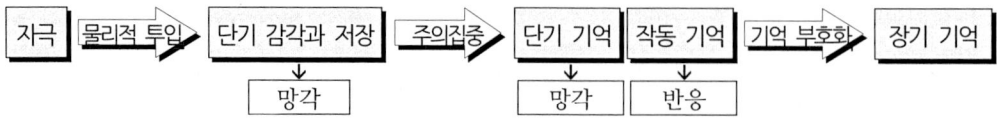

---

1) 22-12 21-04 스키너의 행동주의 이론 내용을 보기로 제시하고 무슨 이론인지 묻는 유형
2) 24-09 피아제의 인지발달 이론과 비고츠키의 상호작용 이론(=사회문화적 이론)을 설명하면서 일부를 (　)로 비워놓고, 적절한 용어를 찾는 유형 ※ 앞에서 설명된 피아제의 인지발달 이론에 중복 게재
　17-18 상호작용이론 내용을 보기로 제시하고 무슨 이론인지 묻는 유형

⑦ 프로이트의 정신분석 이론
　㉠ 프로이트는 인간의 성격은 충동이나 본능을 만족하는 쪽으로 움직이며, 개인의 성격 구조는 충동을 통제함과 동시에 만족시키는 과정 사이의 투쟁에서 발달한다고 주장하였다.
　㉡ 성격 구조는 원초아(id), 자아(ego), 초자아(super-ego)의 3요소로 구성되어 있고, 누구나 세 가지 구조로 되어 있지만, 이들의 역할이나 균형 조절에 따라 성격의 특성은 달라진다는 이론이다.
　㉢ 정신분석 구조의 요소

구조	의식성	내용	기능
원초아(id)	무의식	본능적 욕구, 만족 추구	즉각적, 비합리적, 충동적
자아(ego)	의식	원초아와 초자아 중재	현실적, 합리적, 논리적
초자아(super-ego)	의식 및 무의식	이상과 도덕 추구	지시, 비평, 금지

[인명] 프로이트(Freud, 1856~1939) : 오스트리아의 의사이자 심리학자로, 정신분석학의 창시자로 인정받고 있다.

⑧ 에릭슨의 심리사회 발달 이론1)
　㉠ 에릭슨은 인간의 발달단계는 유전적 요인과 사회적·환경적 힘이 함께 작용하여 결정되며, 자아 발달을 8단계로 나누고 있다. 각 단계의 갈등과 위기가 잘 극복되어야 성공적인 인생이 될 수 있다는 이론이다.
　㉡ 에릭슨의 자아 발달 8단계

단계	구분 및 연령
1단계	신뢰 대 불신	영아기, 0~1세
2단계	자율성 대 의혹	유아기, 2~3세
3단계	주도성 대 죄책감	유치기, 3~6세
4단계	근면성 대 열등감	아동기, 6~12세
5단계	정체감 대 혼돈	청소년기, 13~18세
6단계	친밀성 대 고립감	청년기, 19~30세
7단계	생산성 대 침체감	장년기, 31~64세
8단계	자아 주체성 대 절망	노년기, 65세 이상

　㉢ 자아 발달 8단계의 단계별 내용
　　• 1단계(신뢰 대 불신) : 신뢰를 타인에 대한 기본적 믿음과 자신의 가치에 대한 느낌의 시기이다. 신뢰하는 아이는 배가 고플 때 음식을 주고 두려움이나 고통을 느낄 때 위로를 준다는 기대감을 형성한다.
　　• 2단계(자율성 대 의혹) : 환경에 대한 통제가 가능한 시기로, 아를 통해 어떠한 사건을 취하고 어떠한 사건을 놓아두어야 하는지 선택하는 경험을 시작한다.
　　• 3단계(주도성 대 죄책감) : 목표를 세워 이를 달성하기 위해 노력하는 주도성과 목표 달성이 어렵다는 사실을 일게 되며, 이를 죄책감(=죄의식)으로 표현한다.
　　• 4단계(근면성 대 열등감) : 성공적 경험을 통해 아동은 근면성의 획득, 즉 유능감에 대한 감정을 발달시키며, 경험이 실패하면 자신의 부족함을 느끼고 열등감이 생긴다.
　　• 5단계(정체감 대 혼돈) : 청소년기인 이 시기에 자아 정체감을 형성하고, 가능성과 불분명한 역할이라는 역할 혼미를 통해 자신의 위치를 찾는 시기이다.
　　• 6단계(친밀성 대 고립감) : 친밀감과 고립감은 갈등을 통해 나타난다. 적절한 수준의 고립감은 발달을 위해 필요하고, 적절한 수준의 친밀감을 형성하면 성숙한 자아 역량을 발달시킬 수 있다.

---
1) **23-09** 에릭슨의 자아 발달 8단계의 단계별 설명으로 틀린 것을 찾는 유형
　21-07 심리사회 발달 이론의 3단계 주도성과 죄책감에 대한 설명으로 틀린 것을 찾는 유형
　20-10 에릭슨의 심리사회 발달 이론 내용을 보기로 제시하고 몇 번째 단계에 해당하는지 찾는 유형

- 7단계(생산성 대 침체감) : 발달이 개인의 차원을 넘어 세대와 세대를 잇는 사회적 연속성의 메커니즘으로 작용한다는 점을 의미한다.
- 8단계(자아 주체성 대 절망) : 삶은 후회가 있을 수 있고, 이를 수용하고 의미를 찾을 때 진정한 의미에서의 통합감을 느끼며, 인생에 대한 혐오와 두려움이 과도하면 절망감을 일으킨다.

[인명] 에릭슨(Erikson, 1902~1994) : 독일 출생이지만, 미국으로 이민하여 하버드대학 심리학과 교수로 재직하였다. 정신발달에 관한 정신분석학 이론 등에 크게 공헌하였다.

⑨ 매슬로우의 인본주의 이론
  ㉠ 관점 : 인간은 자아실현을 위한 주체로서 감정·사고할 수 있는 인격체로 본다. 자신의 의지로 삶을 결정하며, 자기 잠재력을 이루기 위해 동기화된다.
  ㉡ 매슬로우의 욕구 5단계 : 각 욕구는 피라미드 형태의 하단에 있는 욕구가 충족되어야 상위 계층의 욕구가 나타난다는 것이다.
  ㉢ 욕구 단계이론의 구분 : 생리적 욕구 → 안전 욕구 → 애정과 소속의 욕구 → 존중 욕구 → 자아실현 욕구

[인명] 매슬로우(Maslow, 1908~1970) : 미국의 심리학자이며, 브랜디스대학교 교수로 재직하였다. '욕구 5단계 이론'은 심리학은 물론 경영학에서도 많이 인용되고 있다.

⑩ 콜버그의 도덕 발달 이론
  ㉠ 도덕 발달 이론의 개요 : 콜버그의 이론으로, 피아제의 인지발달 이론에 따라 아동이 도덕적 딜레마를 해결하기 위해 어떠한 논리를 사용하는지를 관찰하여, 도덕적 사고를 3가지 수준의 6단계로 구분하였다.
  ㉡ 콜버그의 도덕 발달 수준과 단계

수준	단계	내용
제1수준(인습 이전 수준)	1단계	처벌과 복종 지향
	2단계	욕구 충족 지향
제2수준(인습 수준)	3단계	대인관계 조화 지향
	4단계	법과 질서 지향
제3수준(자율적 수준)	5단계	사회 계약적인 법률 지향
	6단계	보편적 도덕 원리 지향

[인명] 콜버그(Kohlberg, 1927~1987) : 미국의 심리학자이다. 도덕적 발달단계 이론으로 유명한 유대계이다.

⑪ 반두라의 사회학습 이론[1]
  ㉠ 반두라가 주장한 이론으로, 현재까지 심리학에서 중요한 이론으로 자리 잡고 있다.
  ㉡ 사회현상에서 인간은 모방을 통해 학습하며, 모방의 중요성을 강조하였다.
  ㉢ 유아는 주변 인물인 부모의 사용 언어, 성역할, 행동 등을 관찰하고, 이를 모방한다고 주장하였다.

[인명] 반두라(Bandura, 1917~) : 캐나다 출신으로 미국에 이주하여, 스탠퍼드대학교 심리학부 교수로 재직하였다. 사회인지 학습 이론의 창시자이다. 러시아계 미국인 발달 심리학자로서 아동 발달의 생태학적 심리 이론으로 유명하다.

⑫ 브론펜브레너의 생태학적 이론
  ㉠ 인간이 생물로서 다양한 환경에 적응하는 것을 발달적 관점에서 연구하는 이론으로, 최근 대두되고 있으며, 대표적 학자는 브론펜브레너이다.
  ㉡ 유아의 행동을 미시체계, 메소체계, 엑소체계, 거시체계로 나누어 연구한다.
  ㉢ 생태학적 이론 관련 용어의 정의
    - 미시체계(microsystem) : 유아의 활동, 역할, 인간관계 등의 물리적 환경을 관찰한다.
    - 메소체계(mesosystem) : 둘 이상의 환경에서 유아의 행동을 관찰한다.

---

[1] 22-12 18-04 반두라의 사회학습 이론 내용을 보기로 들고 무슨 이론인지 묻는 유형

- 엑소체계(exosystem) : 사회적 환경요인이 유아의 행동에 미치는 영향을 관찰한다.
- 거시체계(macrosystem) : 유아의 행동에 영향을 미치는 제반 환경을 관찰한다.

[인명] 브론펜브레너(Bronfenbrenner, 1917~2005) : 러시아계 미국인 발달심리학 자이다.

[요점] 유아기 운동 발달 각 이론의 특징 요약

구분	핵심 내용
게젤의 성숙주의	성인의 개입 최소화
파블로프의 고전적 조건 이론	개 먹이를 주면서 종을 울린 실험
손다이크의 자극 반응 이론	자극(stimulus) 때문에 신체가 반응(Response), SR 이론
스키너의 조작적 조건화 이론	행동의 결과가 좋으면 반복, 보상과 강화
비고츠키의 상호작용이론	자기통제와 자기조절, 지지, 공동 학습, 상호주관성
피아제의 정보처리이론	인지 이론의 체계적이고 과학적인 접근
프로이드의 정신분석 이론	원초아(id), 자아(ego), 초자아(super-ego)의 3요소
에릭슨의 심리사회 발달 이론	자아 발달 8단계
매슬로우의 인본주의 이론	욕구 5단계
콜버그의 도덕 발달이론	도덕 발달의 3수준과 6단계
반두라의 사회학습 이론	모방을 통한 학습
브론펜브레너의 생태학적 이론	미시체계, 메소체계, 엑소체계, 거시체계

3) 유아기 동작 발달에 관한 연구[1)]

① 퍼셀(Purcell)의 동작 교육[2)]
 ㉠ 동작 교육의 개요 : 신체 인식, 공간 인식, 노력, 관계 등이 동작 교육의 기본 요소로 구성된다.
 ㉡ 신체 인식 : 신체 전신과 부분의 움직임, 신체 모양
 ㉢ 공간 인식 : 개인 공간, 일반 공간, 수준, 방향(=경로)
 ㉣ 노력 : 시간, 공간, 힘, 흐름
 ㉤ 관계 : 그룹 또는 파트너, 물체(기구와 학습 자료)

 [인명] 퍼셀(M. Purcell) : 프랑스의 심리학자로, 발달 단계설을 통해 발달심리학에 큰 영향을 미쳤다.

② 피카(Pica)의 동작 요소 : 공간, 형태, 관계, 힘, 흐름, 리듬으로 구성

 [인명] 피카(R. Pica) : 스위스의 심리학자로, 유아의 사고를 이해하고 학습하는 과정을 연구하였다.

③ 라반(Laban)의 움직임 분석 : 공간(방향, 수준, 범위, 경로), 시간(속도, 기간), 무게와 흐름으로 구성되어 있다.

 [인명] 라반(Rudolf von Laban) : 독일의 무용가로, 무용을 통해 움직임을 분석하였다.

④ 슬레이터(Slater)의 신체 인식 : 신체와 공간, 관계, 노력이 조화되어야 한다.

마. 운동 발달 모형

1) 갤라휴의 운동 발달

① 갤라휴의 운동 발달의 개요
 ㉠ 운동 발달 모형은 활동 형태에 따라 운동 기술의 발달이 위계적으로 형성된다는 점에서 여러 학자가 모형화하였다.
 ㉡ 모형 중 갤라휴의 모형이 가장 많이 인용되고 있다.

 [인명] 갤러휴(David L. Gallaheu) : 발달심리학과 체육교육 분야에서 권위 있는 학자로, 미국 인디애나대학교 교육학과 교수로 재직 중이다.

---

1) 23-07 유아기 동작 발달에 관한 연구 내용을 보기로 제시하면서 일부 ( )를 비워두고, 옳은 것을 찾는 유형
2) 24-13 퍼셀의 동작 교육 기본 요소를 보기로 제시하면서 일부 ( )로 비워놓고, 옳은 것을 찾는 유형이다. 퍼셀의 동작 교육 기본 요소는 신체 인식, 공간 인식, 노력, 관계 등이다.

② 갤라휴의 운동 발달 모형1) : 운동 발달의 순서는 옆 그림의 단계로 발달한다.

2) 운동 발달의 단계2)
① 반사 움직임 단계3)
  ㉠ 불수의적 움직임의 반사 단계
  ㉡ 유아의 신체와 외부 환경에 대해 적응하는 역할 수행
  ㉢ 정보 부호화와 정보 해독 단계로 구분
  ㉣ 직립 반사, 걷기 반사, 손바닥 파악 반사 등이다.
② 초보 움직임 단계4)
  ㉠ 출생 후 약 2세까지의 움직임
  ㉡ 생존을 위한 수의적 움직임의 기본 형태

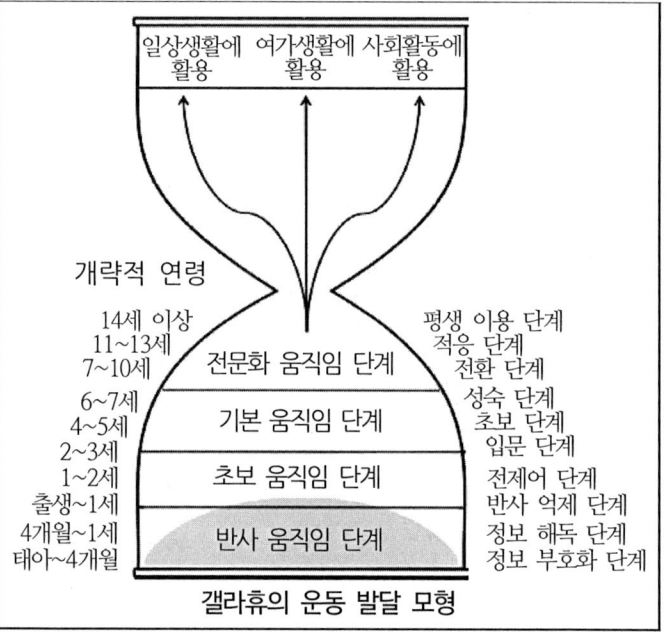
갤라휴의 운동 발달 모형

  ㉢ 머리·목·몸통 등의 제어와 움직임으로, 뻗기, 잡기, 놓기, 포복, 걷기 등의 형태
  ㉣ 반사 억제 단계와 전제어 단계로 구분
③ 기본 움직임 단계5)
  ㉠ 초보적인 운동을 습득하고, 전문화 운동의 준비 단계에 해당한다.
  ㉡ 수행이 역학적 효율성을 가지며, 5~6세 유아의 운동 기술에 해당한다.
  ㉢ 걷기, 달리기, 던지기 등의 기본동작을 적절하게 발달시켜야 한다.
  ㉣ 육체적·정신적으로 발달이 왕성한 시기이므로 놀이 위주의 신체활동이 필요하다.
  ㉤ 기본 움직임 기술의 습득 및 성숙은 과제·개인·환경요인들에 영향을 받는다.
  ㉥ 기본 움직임 단계의 구분

구분	내용
입문 단계	기본 기술을 수행하여 목표지향적 시도가 시작되는 시기로, 신체 사용 제한과 과장 움직임이 나타나고, 협응이 잘 이루어지지 않아 움직임이 부자연스럽다.

---

1) **16-19** 운동 발달단계의 모형에 대한 설명이 바르게 된 것을 찾는 유형
   15-05 운동 발달 모형의 순서가 바르게 연결된 것을 찾는 유형
2) **24-19** 갤라휴의 운동 발달 모형에서 단계별 내용을 보기로 설명하면서 일부를 ( )로 비워놓고, 적절한 용어를 찾는 유형
   19-12 전문화된 움직임과 기본 움직임 내용을 보기로 제시하고, 운동단계를 찾는 유형
3) **24-10** 갤라휴의 운동 발달 모형에서 반사 움직임 단계의 정보 부호화 단계에 대한 설명으로 틀린 것을 찾는 유형으로 '피질의 발달과 특정 환경적 억제 요인의 감소 현상이 일어난다.'가 오답 찾기의 정답이다. 피질의 발달로 환경적 억제 요인이 증가하기 때문이다.
4) **23-13** 초등체육 교육과정의 3~4학년 군 성취 기준에 관한 내용으로 틀린 것을 찾는 유형으로, '기본 움직임 기술의 의미와 종류를 이해하고 스포츠와의 관계를 파악'하는 초보 운동단계가 오답 찾기의 정답이다. 이는 전문화 움직임 단계이기 때문이다.
5) **24-16** 기본 움직임 단계의 설명으로 틀린 것을 찾는 유형으로, '움직임 기술의 발달단계 구분은 움직임 패턴의 특수성이나 관찰자의 정교함에 영향을 받지 않는다.'라는 것이 오답 찾기의 정답이다.
   23-08 기본 운동단계를 입문, 시작, 성숙 단계로 구분하는 설명과 그림을 보기로 제시하면서 어느 단계에 해당하는지 찾는 유형
   22-06 기본 운동단계의 세부 단계에 대한 설명을 보기로 제시하면서 세부 단계를 ( )로 비워놓고, 적합한 것을 찾는 유형으로, 기본 운동단계는 입문 단계, 초보 단계, 성숙 단계로 구분하는 것을 기억해야 한다.
   19-05 갤라휴의 기본 운동단계를 보기로 제시하고, 어느 단계에 해당하는지 찾는 유형

초보 단계	운동 제어와 협응력이 향상되며, 시간적·공간적 요소가 일치하면서 운동이 자연스러워지지만, 일부 제한적이거나 과장이 나타나기도 한다.
성숙 단계	운동이 효율적으로 수행되며, 신체 제어와 협응성이 향상된다.

④ 전문화 움직임 단계[1]
  ㉠ 기본 움직임 단계에서 발전한 단계로, 세련된 운동이 가능하다.
  ㉡ 일상생활, 기본적 운동 기술에서 복잡한 활동에 응용할 수 있다.
  ㉢ 운동의 목적과 요구되는 기술을 명확히 설명해 준다.
  ㉣ 운동수행에 대해 스스로 평가할 수 있다.
  ㉤ 전환 단계, 적응 단계, 평생 이용 단계로 구분
  ㉥ 축구 페널티킥 막기, 야구 공치기, 육상 허들넘기 등의 전문적 운동단계

3) 운동 기술의 발달단계

① 나이별 운동 기술 습득단계

단계	내용
약 12개월	걷기
18개월 이상	달리기
만 2세~3세	도약, 두 발 점프
만 3세	한 발 뛰기
만 4~5세	번갈아 뛰기, 공을 받기, 외발서기, 협응력 가능

② 운동 기술 습득 과정[2]

단계	내용
개별화 과정	특정 과제 수행을 위해 자신의 특성과 한계에 따라 수정하고 조정
조합 과정	운동수행의 움직임 기술을 다른 기술과 결합하기 시작하는 단계
적용 과정	운동수행의 특성을 인식하고 관련된 움직임을 찾기 시작하는 단계
탐색 과정	효과적이고 의미 있는 움직임 형태의 탐색을 시작하는 단계

4) 탐색과 놀이

① 후트(Hutt)의 탐색과 놀이의 개념 : 유아기 운동 발달단계에서 새로운 사물을 대할 때는 탐색을, 친숙한 사물을 대할 때는 놀이가 된다는 이론이다.
  [인명] 후트(S. John Hutt) : 유아의 탐색과 놀이를 연구한 영국의 심리학자이다.

② 탐색과 놀이의 맥락[3]

구분	탐색	놀이
상황	새로운 물체	익숙한 물체
발생 시기	놀이 전에 발생	탐색 이후에 발생
목적	정보 수집	자극 유발
행동	정형적 행동	다양한 행동
기분	진지함	즐거움
심장 박동률	낮은 변화	높은 변화

---

1) 23-05 전문화 운동단계의 특성에 대한 설명으로 틀린 것을 찾는 유형으로, '인지 능력 저하와 경험 토대의 축소로 학습이 어려워진다.'가 오답 찾기의 정답이다.
2) 15-06 운동 기술 습득 과정에서 각 단계에 대한 설명으로 바른 것을 찾는 유형
3) 20-09 후트의 탐색과 놀이 맥락에 대한 설명으로 보기로 제시하고, 바르게 연결된 것을 찾는 유형

5) 유아의 사회적 놀이 발달 6단계

① **사회적 놀이 발달 6단계 개요** : 파튼(M. Parten)은 유아의 놀이 단계는 사회적 참여에 따라 6가지 형태로 분류한다.

[인명] 파튼(Mildred Parten) : 미국의 유명한 발달 심리학자이다.

② **유아의 사회적 놀이 발달단계**1)

③ **단계별 활동**2)
  ㉠ 비참여 단계 : 서성거리거나 관찰을 하며 한 곳에 앉아 혼자 논다.
  ㉡ 방관자 단계 : 대부분 시간을 다른 아이의 놀이를 지켜보며 방관하면서 혼자 논다.
  ㉢ 단독놀이 단계 : 주위 아이들이 가지고 노는 놀잇감과 다른 놀잇감으로 혼자 논다.
  ㉣ 평행놀이 단계 : 주위 아이들과 같은 놀이를 하지만 함께 놀이하지는 않는다.
  ㉤ 연합놀이 단계 : 다른 유아와 활동을 공유하며 놀이에 관해 이야기를 주고받거나 놀잇감을 빌려주기도 하지만 놀이 내용이 조직적으로 전개되지는 않는다.
  ㉥ 협동 놀이 단계 : 역할 분담과 목적 공유가 이루어지는 단계로, 병원 놀이 같은 것을 함께 하며 논다.

바. 유아기 운동

1) 유아기 운동의 이해

① **유아기 운동의 개요**3)
  ㉠ 운동 방식은 일반적으로 좌우대칭 방법을 적용한다.
  ㉡ 1세아와 3세아의 운동 방법에 차이가 크다.
  ㉢ 3세까지는 체력 면에서 유아기 체력 발달과 밀접한 관련이 있다.
  ㉣ 4세 이상이 되면 옥외 활동도 할 수 있어 사회성이 발달하고, 지능도 발달한다.
  ㉤ 유아기의 적정 운동시간은 1회 20~40분 정도가 적합하다.

② **유아기 운동 효과**4)
  ㉠ 신체적 발달 : 운동기능 발달, 체지방률 감소, 골밀도 증가, 심폐지구력 발달
  ㉡ 정서적 발달 : 정서 발달, 사회성 촉진

③ **유아기 운동 권장 방향**5)
  ㉠ 건강하고 안전한 생활에 필요한 태도와 습관 배양
  ㉡ 운동에 흥미를 느낄 수 있도록 진행
  ㉢ 대근육 운동 기회의 지속 제공
  ㉣ 복합적 운동으로 협응력 향상과 지각운동 기능 향상

---

1) **16-18** 유아기의 놀이 발달단계가 바르게 연결된 것을 찾는 유형
2) **20-15** 사회적 놀이 발달 이론의 단계별 설명으로 틀린 것을 찾는 유형
3) **15-11** 유아에게 가장 적합한 운동시간을 찾는 유형으로, 정답은 '1회 수업 시 20~40분'이다.
4) **19-02** 유아기 운동 효과에 대한 설명으로 틀린 것을 찾는 유형
   16-11 규칙적 운동의 효과가 아닌 것을 찾는 유형으로, '골밀도 감소'가 오답 찾기의 정답이다.
5) **15-09** 유아기 운동 권장 지침으로 틀린 것을 찾는 유형으로, '전신을 움직이는 활동보다 세부적 움직임 기술 우선 구성'이 오답 찾기의 정답이다.

ⓜ 준비운동과 정리운동의 습관화
ⓗ 집단 운동을 통한 협동력 배양

3. 유아기의 건강과 신체활동

가. 유아기의 건강
1) 유아기의 건강관리
① 건강관리의 개념 : 건강을 위해 질병 예방과 치료는 물론 신체적·정신적·사회적 안녕을 도모하는 생활이 질과 건강 향상에 필요한 제반 조치 활동을 말한다.
② 유아기 건강관리 중요 요인 : 충분한 수면과 영양 섭취, 운동과 신체활동

2) 건강의 중요 요인별 활동
① 충분한 수면
  ㉠ 수면은 뇌를 쉬게 하여 피로를 해소하고, 발육·성장에 장애가 생기지 않도록 한다.
  ㉡ 성장호르몬은 평균적으로 밤 10에서 새벽 2시 사이에 가장 많이 분비된다.
  ㉢ 나이별 적정 수면시간

연령	수면시간	연령	수면시간
0~2개월	18~20시간	1~2세	12~14시간
2~6개월	16~18시간	2~5세	10~12시간
6~12개월	14~16시간	5~10세	10시간 정도

② 영양 섭취
  ㉠ 신체 건강과 밀접한 관계가 있다.
  ㉡ 남아의 기초 대사량이 여아보다 높다.
  ㉢ 유아의 위는 어른의 반 정도이기 때문에 음식을 자주 섭취해야 한다.
  ㉣ 신체조직을 유지하는데 남아가 여아보다 에너지가 더 필요하다.
③ 운동과 신체활동
  ㉠ 신생아 시기부터 운동은 시작된다.
  ㉡ 유아기에는 움직임에 대한 욕구가 어느 시기보다 크다.
  ㉢ 유아기 운동 부족 또는 불균형은 지체 장애를 일으킬 수 있다.
  ㉣ 신체운동의 성취와 운동신경의 발달을 가져온다.

나. 유아기 신체 발달과 신체활동
1) 유아기 신체 발달의 이해
  ㉠ 유아는 영아보다 신체적 성장 속도가 둔화하지만, 성장을 꾸준히 지속한다.
  ㉡ 신체 크기나 모습이 크게 변화되어 아기에서 아동의 외모로 바뀌기 시작한다.
  ㉢ 1세 영아는 신체에서 머리의 비율이 높고, 6세 전후 팔다리가 길어져 균형이 잡힌다.
  ㉣ 머리는 신체 비율로 따져 큰 편이지만, 점차 어른과 같은 비율로 발전한다.
  ㉤ 2세부터 6세까지 매년 신장은 약 7cm, 체중은 약 2kg 정도씩 증가한다.
  ㉥ 6세 전후 신장이 약 115cm, 체중은 20kg이 되며, 남아가 여아보다 신체적으로 좀 더 큰 경향으로 보인다.

2) 유아기 신체 발달의 이론

① 스케몬(Scamomm)의 신체 부위별 발달 이론
  ㉠ 스케몬의 신체 부위별 발달은 신체 부위별로 차이가 있다.
  ㉡ 신체 부위별 성장 형태는 옆 표와 같다.
  [인명] 스케몬(Richard Scammon) : 미국의 심리학자로, 신위 부위별 발달 곡선을 발표하였다.

② 신체 부위별 구분
  ㉠ 신경형 : 뇌, 척수 등의 신경은 출생 초기부터 영유아기에 급격히 성장
  ㉡ 생식기 : 생식기, 유방, 자궁, 전립선 등의 생식기계는 사춘기에 급격히 성장
  ㉢ 림프형 : 림프 조직 성장은 면역에 중요한 기능을 하는 시기인 12세까지 급격히 발달
  ㉣ 일반형 : 키, 몸무게, 가슴둘레, 신장, 심장, 근육 및 골격계 등은 S자 형태

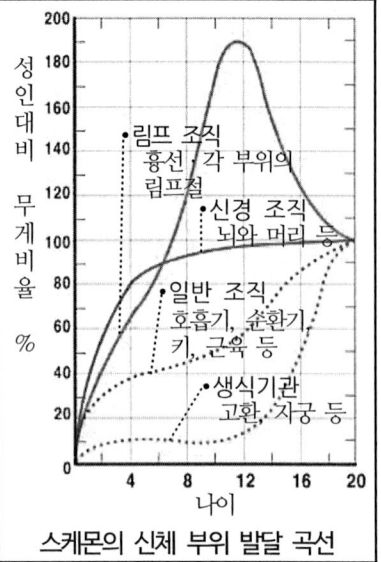
스케몬의 신체 부위 발달 곡선

3) 유아기 두뇌 발달[1]

  ㉠ 대뇌피질은 출생 이후 지속 발달한다.
  ㉡ 3세 전후 뇌 무게는 성인의 75% 정도
  ㉢ 6세 전후 뇌 무게는 성인의 90% 정도
  ㉣ 뇌는 영유아기까지 급격히 발달한 후 유소년기 이후 완만하게 발달한다.
  ㉤ 두뇌의 인체 차지 비율은 태내 2개월째는 거의 50% 정도이고, 출생 때는 25%, 성인기에는 10~15% 수준에 이른다.
  [용어] 대뇌피질 : 대뇌반구의 바깥층을 감싸고 있는 2~3mm의 회백질 부분으로, 신경세포가 모여있다.

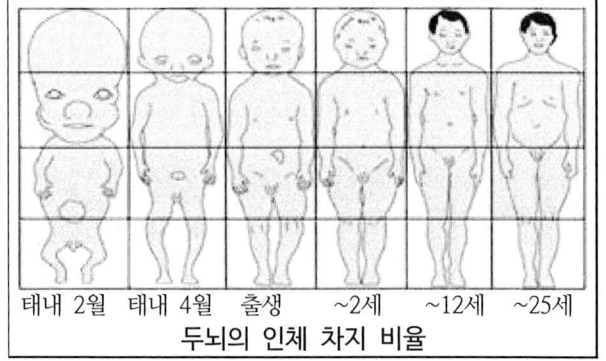
두뇌의 인체 차지 비율

4) 유아기의 신체활동

① 유아기 신체활동의 개요
  ㉠ 유아기는 신체적, 인지적, 언어적, 정서적으로 많은 발달이 이루어지는 시기이다.
  ㉡ 잠시도 가만히 있지 못하고 끊임없이 움직이고 놀면서 성장한다.
  ㉢ 놀이터에서 그네와 시소를 타고 노는 것, 식물을 키우는 등 자연환경 속에서 노는 것, 친구와 어울려 노는 것 등의 모든 놀이가 유아의 신체활동이다.
  ㉣ 신체적 활동량이 많아지고 호기심도 늘고, 사고 위험이 큰 시기이다.
  ㉤ 활동 범위가 어린이집 등으로 늘어나고, 대인관계의 폭이 넓어져 가족 이외의 사람들과의 상호작용을 통해서 바깥세상을 탐험하고 사회의 가치관과 규범을 습득하게 된다.

---

1) **23-01** 유아기 두뇌 발달에 대한 설명으로 틀린 것을 찾는 유형으로, '뇌는 영유아기까지 완만하게 발달하다 이후에 급격하게 발달한다.'가 오답 찾기의 정답이다. 뇌는 영유아기까지 급격히 발달한 후 유소년기 이후 완만하게 발달한다.

② 유아기의 신체활동 단계

머리 들어올리기 머리와 가슴 들기 물건을 받쳐 바로 앉기 장난감 잡기
1~2개월   3~4개월   5~6개월   6~7개월

기기 시작   잠깐 일어서기   붙잡고 걷기 시작   혼자서 음식물 섭취
9~10개월   12개월   12~13개월   18개월

③ 유아기 신체활동의 특징1)
  ㉠ 최대 심박수와 호흡수는 성인기에 비해 많다.
  ㉡ 유아에서 성장에 따라 근력이 향상하고, 근섬유도 굵어진다.
  ㉢ 1회 박출량은 성인기에 비해 적다.
  ㉣ 유아기에 신체활동은 부위별로 다르게 나타난다.

④ 유아기 신체활동 증가 방법2)
  ㉠ 참여 시간을 늘리기 위해 참여자에 대해 칭찬 등 정적 강화
  ㉡ 준비시간, 대기 시간 등을 줄이고 실질적 활동 시간을 늘린다.
  ㉢ 일부 유아가 싫어하거나 어려워하는 활동은 피한다.
  ㉣ 발육·발달 수준에 맞는 활동 프로그램 제공
  ㉤ 적극적 참여에 대한 긍정적 피드백 제공
  ㉥ 유아의 흥미를 유발할 수 있는 다양한 활동 제공

⑤ 유아기 신체활동 참여동기 증진 방법3)
  ㉠ 쉬운 과제를 성취한 경우라도 칭찬 등 정적 강화
  ㉡ 수행력 향상을 위해 역할모델 활용
  ㉢ 성취 경험의 빈도를 높이기 위해 과제 난이도 조절

---

1) **17-16** 유아기 체력 발달의 특징으로, 틀린 것을 찾는 유형으로, '1회 박출량이 성인기에 비해 높다'라는 것이 오답 찾기의 정답이다.
2) **21-15** **18-15** 유아의 신체활동 참여 시간 증가 방법으로 틀린 것과 바르게 설명된 것을 찾는 유형
3) **21-17** 유아기 신체활동 참여동기 증진 방법으로 틀린 것을 찾는 유형

제2장 유아기 운동 발달 프로그램

1. 유아 운동프로그램의 원리

가. 유아 운동프로그램의 이해

1) 유아 운동프로그램의 개요

① 유아 운동프로그램의 목적
  ㉠ 다양한 신체활동을 통한 기본 운동 기술의 이해
  ㉡ 자신의 감정을 표현할 기회 제공
  ㉢ 지각과 동작 간의 협응 과정을 통한 지각운동의 기술 발전
② 유아의 기본적 움직임 기술[1] : 이동 기술, 비이동 기술, 조작기술
③ 유아 운동으로 형성되는 심리적 특성[2]
  ㉠ 객관화 : 객관적 가치관 형성
  ㉡ 자긍심 : 스스로에 대한 이해와 존중심 형성
  ㉢ 사회화 : 구성원 간의 관계 형성과 집단에서 부여된 역할 수행

2) 유아와 유소년의 운동프로그램 구성 유의 사항

① 유아 운동프로그램 구성 유의 사항[3]
  ㉠ 간단한 움직임에서 복잡한 움직임으로 진행되도록 구성한다.
  ㉡ 정교한 동작 수행보다는 다양한 기본 움직임에 중점을 둔다.
  ㉢ 협응성 운동 시, 속도나 민첩성의 요소가 연계되지 않도록 한다.
  ㉣ 운동수행의 성공 빈도를 높일 수 있도록 프로그램을 구성한다.
② 유소년 운동프로그램 구성 유의 사항[4]
  ㉠ 기본 운동 능력을 더욱 정교하게 발달시키는 기회를 제공한다.
  ㉡ 대근육에서 소근육으로의 발달단계를 고려하여 구성한다.
  ㉢ 기본 운동단계에서는 다양한 안정성, 이동 및 조작 움직임을 습득하도록 구성한다.
  ㉣ 기본 운동단계는 협응력이 발달하는 시기이므로, 다양한 움직임 경험을 갖도록 구성한다.
  ㉤ 기본 운동에서 전문화된 운동으로 전환 단계에서 움직임 수행의 형태, 기술, 정확성과 더불어 질적 측면을 강조한다.

나. 운동 발달의 원리

1) 운동 발달의 기본 원리의 이해

① 운동 발달 기본 원리의 적용 : 운동 발달 기본 원리는 유아체육을 포함한 전체의 운동 발달 원리이다.

---

1) **15-08** 유아의 기본적 움직임 기술이 아닌 것을 찾는 유형으로, 반사 운동은 유아의 기본적 움직임 기술이 아니므로 오답 찾기의 정답이다.
2) **17-14** 유아체육 프로그램으로 형성되는 심리적 특성 중 보기에 제시된 내용으로 옳은 것을 찾는 유형
3) **22-02** 유아기 운동 유의 사항으로 틀린 것을 찾는 유형으로, '다양한 기본 움직임 경험보다 복합적이고 정교한 동작 수행에 중점을 두어 구성한다.'가 오답 찾기의 정답이다.
4) **22-03** 유소년 운동프로그램 구성 유의 사항으로 틀린 것을 찾는 유형으로, '기본 운동에서 전문화된 운동으로 바뀌는 단계에서 운동 형태, 기술, 정확성 등의 양적 측면을 강조한다'가 오답 찾기의 정답이다. 전환 단계에서는 양적 측면보다 질적 측면이 강조되어야 한다.

② 운동 발달의 기본 원리의 구성
  ㉠ 운동 발달의 기본 원리의 구성 : 과부하의 원리, 점증 부하의 원리, 특이성의 원리
  ㉡ 운동 발달의 기본 원칙 : 반복성의 원칙, 의식성의 원칙, 전면성의 원칙, 개별성의 원칙, 가역성의 원칙

  [참고] 운동 발달의 기본 원리와 원칙 : 위에서 원리와 원칙을 구분하였지만, 학자에 따라 운동 발달의 8원칙이라고 해서 합쳐지기도 한다. 운동 발달의 원리와 원칙을 정확하게 구분하는 기준은 현재 없는 실정이다.

2) 운동 발달 기본 원리의 구분[1]
① 과부하의 원리 : 운동 강도는 일상생활 수준 이상일 때 증가하며, 저항성 트레이닝 시 평소 실시해 온 중량보다 더 높은 부하를 적용하면 근 비대와 근력을 강화할 수 있다.
② 점증 부하의 원리(= 점진성의 원리) : 운동량은 점진적으로 증가해 나가는 것으로, 신체의 기관 발달, 변화 또는 기능 개선이 운동을 서서히 이루어질 수 있도록 하며, 일정 기간 적응 기간을 두고 점진적으로 부하를 늘리는 것이 바람직하다.
③ 특이성의 원리 : 운동의 종류·강도·양·빈도 등을 선택하여 조건에 적합하게 하는 원리이다.
④ 반복성의 원칙 : 운동기능은 단번에 향상되는 것이 아니고, 반복하여야 효과가 크다.
⑤ 의식성의 원칙 : 운동을 위해 무엇이 필요한지를 이해하고 실천해야 한다.
⑥ 전면성의 원칙 : 신체의 특정 부위보다는 신체 전체의 밸런스를 생각하며 운동을 진행해야 한다.
⑦ 개별성의 원칙 : 체력은 개인별 차이가 있으므로 개인의 상태(목적, 나이, 성별, 체력 수준, 신체 능력)에 맞춰 프로그램을 수립해야 한다.
⑧ 가역성의 원칙 : 운동을 중단하면 신체는 원래 수준으로 돌아간다. 이 특성을 가역성이라 한다.

다. 유아 운동 발달의 특성
1) 유아 운동 발달의 구성요소[2] : 적합성, 방향성, 특이성, 안전성, 연계성, 다양성

2) 적합성
① 적합성의 개념[3]
  ㉠ 연령에 따라 민감기를 고려하여 적절한 운동이 적용되면 효과적이고 긍정적인 운동발달을 유도할 수 있다.
  ㉡ 발육과 발달 상태에 따라 개인차가 있으므로 이를 반영해야 한다.
② 적합성 원리에 따른 나이별 역할

나이	1세	2세~4세	3세~5세
내용	걷기	운동 협응과 자기조절	자기 표현력, 창의력으로 민감한 영향

③ 유아 발달에 적합한 프로그램 구성 고려 사항
  ㉠ 유아의 발달 상태
  ㉡ 움직임 활동에 대한 이전 경험
  ㉢ 기술, 수준, 체력

---

1) **24-18** 운동발달의 특성을 4가지를 보기로 제시하면서 옳은 것을 모두 고른 것을 찾는 유형으로, 가역성·전면성·점진성·과부하의 원리 등이 보기로 나왔다. 이중 가역성·과부하의 원리가 옳은 설명이었다.
2) **22-10** 운동발달의 특성을 보기로 제시하고, 각각 무슨 원리에 해당하는지 묻는 유형으로, 연계성, 방향성, 적합성 등이 출제되었다. (※ 문제에서는 운동발달의 원칙이라고 출제되었음)
3) **16-15** 적합성의 원리를 보기로 제시하고 무슨 원리를 설명하는지 묻는 유형

④ 유아의 나이별 적합한 프로그램

나이	내용
2~3세	부모와 함께하는 손발 협응 향상 프로그램
3~4세	혼자 하는 활동 위주의 기본 운동과 표현력 향상 프로그램
4~6세	또래와 함께하는 지각 능력 향상 프로그램
6~8세	또래와 함께하는 인지 능력 향상 프로그램

3) 방향성
① **방향성의 개념** : 인간의 성장과 발달은 일련의 방향성을 갖고 발달한다.
② **방향성의 원칙**1)
  ㉠ 두미(頭尾) 법칙 : 머리부터 발달한 다음 발가락 등 꼬리 부분이 발달
  ㉡ 중심-말초원리 : 신체 중심에서 말초 부위로 발달(몸통이 먼저 발달하고 손가락, 발가락 등의 말초로 성장)
  ㉢ 대근육에서 소근육으로 발달 : 팔과 다리 등 큰 근육이 발달하고 손가락, 발가락 등 소근육으로 발달

4) 특이성
① **특이성의 개념**2) : 전형적이며 공통적인 일반화된 특성뿐만 아니라, 개개인의 유전과 환경요인을 고려한 개인차를 고려해야 한다.
② **개인차를 형성하는 조건** : 지능, 적성, 흥미와 동기부여, 나이별 차이, 그룹 간 수업 분위기 등
③ **유아 간 차이 요소** : 연령 차이, 체력 차이, 성별 차이, 운동소질 및 적성 차이

5) 안전성
① **안전성의 개념**
  ㉠ 일상생활 및 안전에 관한 사항들을 이해하고 사고를 예방해야 한다.
  ㉡ 기초부터 향상까지 잘 조직된 프로그램을 제공해야 한다.
② **안전성의 내용**3)
  ㉠ 유아는 신체의 조정 능력이나 판단력이 완벽히 발달하지 않은 상태이다.
  ㉡ 유아 및 아동기에는 호기심이 강하고 주의력과 조심성이 부족하다.
  ㉢ 위험한 환경에 대한 인식과 적응이 어렵다.
  ㉣ 유아나 아동은 자신의 운동 능력을 과대평가하는 경향을 보인다.

6) 연계성
① **연계성의 개념** : 운동발달 프로그램은 신체 발달, 정서적·사회적 발달 등이 상호 연계되어야 한다.
② **연계성의 내용**4)
  ㉠ 신체적, 사회적, 정서적 발달이 서로 연계되어야 한다.
  ㉡ 발육 발달과 운동 기술 발달의 수준을 동시에 고려한다.
  ㉢ 쉬운 과제에서 어려운 과제의 순서로 구성한다.

---

1) 19-20 17-01 16-13 유아기 운동발달의 방향성 설명으로 옳은 것 또는 틀린 것을 찾는 유형
2) 17-17 보기로 제시된 4가지 중 특이성의 원리에 대한 설명을 모두 고른 것을 찾는 유형
   15-10 특이성의 원리를 바르게 설명한 것을 찾는 유형
3) 19-09 안전성의 원리 내용을 보기로 제시하고, 무슨 원리인지 묻는 유형
4) 18-16 연계성 원리의 개념을 보기로 들고 어떤 기본 원리에 해당하는지 찾는 유형

7) 다양성
① 다양성의 개념 : 기술적 능력에서의 개인별 차이가 있으므로, 지도 방법도 개인의 특성에 맞게 다양해야 한다.
② 다양성의 내용
  ㉠ 유아는 성인보다 집중력이 떨어진다.
  ㉡ 유아는 쉽게 흥미를 잃는 경우가 많다.
  ㉢ 발달적 측면을 고려한 다양한 경험이 가능한 프로그램으로 구성해야 한다.

요점 유아 운동 발달 프로그램의 구성 요약[1]

구분	내용
적합성의 원리	나이에 따라 민감기를 고려한 적절한 운동이 효과적이고 운동발달을 유도할 수 있다.
방향성의 원리	인간의 성장과 발달은 일련의 방향성을 갖고 발달한다.
특이성의 원리	개인의 유전과 환경요인을 고려한 개인차를 고려해야 한다.
안전성의 원리	일상생활 및 안전에 관한 사항들을 이해하고 사고를 예방해야 한다.
연계성의 원리	신체 발달 및 정서적·사회적 발달 등이 상호 연계되어야 한다.
다양성의 원리	기술적 능력에서의 개인별 차이에 관한 생각과 지도 방법은 다양해야 한다.

2. 유아 운동의 구성

가. 유아 운동의 이해
1) 유아 운동의 개요
① 유아 운동의 구성요소
  ㉠ 운동빈도 : 주 3~4일 이상 운동으로, 다양한 프로그램을 이용하여 흥미를 잃지 않도록 구성
  ㉡ 운동강도 : 가볍고 즐거운 단계적 접근방법으로, 1~2분 강한 운동강도를 짧게 넣어 흥미의 유지
  ㉢ 운동시간 : 유아는 매회 20~40분 정도로, 지루하지 않고 힘들지 않을 정도로 실시
  ㉣ 운동형태 : 기본 운동, 지각운동, 체력 운동 등으로 구분하여 실시
② 미국스포츠의학회(ACSM)의 어린이와 청소년을 위한 FITT 권고사항[2]

	유산소운동	저항운동	뼈 강화 운동
운동빈도	고강도 운동을 주 3일 이상	주 3일 이상	주 3일 이상
운동강도	중강도(심박수와 호흡이 눈에 띌 정도로 증가하는)에서 고강도(심박수와 호흡이 많이 증가하는)	체중을 저항으로 사용하거나 8~15회 최대 반복(적절한 동작으로, 중등도의 피로를 느낄 때까지)	충격 또는 근력 발현을 위해 중등도에서 뼈에 부하를 주는 데 중점을 둔 다양한 활동
운동시간	1일 60분 이상	1일 60분 이상	1일 60분 이상

---

1) [24-06] 유아 운동프로그램의 지도 원리에 대한 설명으로 틀린 것을 찾는 유형
   [21-11] [20-13] 유아체육 기본원리에 대한 설명 2가지를 보기로 제시하고, 바르게 선택된 것을 찾는 유형
   [17-07] 운동발달 프로그램 구성의 기본 원리로 틀린 것을 찾는 유형으로, 자발성의 원리가 오답 찾기의 정답이다.
2) [24-15] [23-19] ACSM의 어린이와 청소년을 위한 FITT 권고사항을 보기로 제시하면서 일부 ( )로 비워놓고, 적절한 용어를 찾는 유형으로, 24-15의 정답은 유산소운동은 (성장, 발달), 저항운동은 (구조화), (뼈 강화 운동), (1일 60분 이상)이 ( ) 속에 포함할 내용이고, 23-19의 정답은 유산소운동, 저항운동, 뼈 강화 운동이다.

| 운동형태 | 술래잡기, 달리기, 하이킹, 활기차게 걷기, 뛰기, 뛰어넘기, 줄넘기, 수영, 춤, 자전거 타기, 축구, 농구, 테니스와 같은 스포츠 포함 즐겁고 성장 발달에 적절한 활동 | 근육 강화 신체활동은 구조화되지 않은 활동(예 : 놀이터에서 놀기, 나무 오르기, 줄다리기) 또는 구조화되어 적절히 감독할 수 있는 활동(예 : 팔 굽혀 펴기와 윗몸 일으키기, 중량들기, 저항 밴드를 이용한 운동)으로 구성 | 달리기, 줄넘기, 테니스, 공차기 놀이와 같은 뼈 강화 운동 |

용어 ACSM : American College of Sports Medicine으로, 미국스포츠의학회를 말한다.

용어 FITT : frequency(운동빈도), intensity (운동강도), time(운동시간), type(운동유형)

> **요점** ACSM의 어린이와 청소년을 위한 FITT 권고사항
> 1) 유산소운동 : 성장 발달에 적절한 활동
> 2) 저항운동 : 구조화되지 않은 활동과 구조화되어 감독할 수 있는 활동
> 3) 뼈 강화 운동
> 4) 운동시간 : 1일 60분 이상

③ 유아 운동 구성의 고려 사항
  ㉠ 활동적인 유아를 위해 주 3~4회로 구성한다.
  ㉡ 흥미를 잃지 않도록 발달 수준을 고려하여 구성한다.
  ㉢ 운동기능 향상을 위해 점진적·지속적 방법을 적용한다.
  ㉣ 체력을 고려한 신체활동으로 구성한다.
  ㉤ 연령과 운동발달 수준을 고려한 신체활동으로 구성한다.
  ㉥ 눈과 손의 협응력 향상에 필요한 다양한 활동을 포함한다.

④ 유아 운동의 구성 절차¹⁾

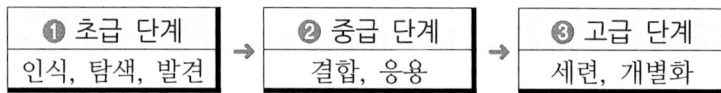

2) 유아의 운동 발달

① **운동 발달의 개념** : 유아는 신체를 움직이면서 발달해 나간다. 머리 가누기부터 달리기까지 신체적 능력이 보편적 순서에 따라 이뤄진다. 이를 운동 발달이라 한다.

② **운동 발달과 기술 수준 목표**²⁾

❶ 초급 단계	→	❷ 중급 단계	→	❸ 고급 단계
인식, 탐색, 발견		결합, 응용		세련, 개별화

3) 운동에 따른 힘의 작용³⁾

① 안정성 요인
  ㉠ 중력선 : 물체의 무게 중심에서 지구의 중심을 향해 뻗어 나가는 가상의 선으로, 중력이 작용하는 방향을 나타낸다.
  ㉡ 중력 중심 : 물체의 무게가 균형을 이루는 지점으로, 중력 중심에서 물체를 지지하면 물체는 회전하지 않고 균형을 이룬다.
  ㉢ 지지면 : 물체가 안정적으로 서 있을 수 있도록 받쳐주는 면으로, 물체가 기울거나 넘어지지 않도록 지지하는 역할을 한다.

---

1) **16-09** 유아 운동프로그램 구성 절차가 바르게 연결된 것을 찾는 유형
2) **16-08** 운동 발달의 기술 수준 목표 중 초급 단계의 목표가 아닌 것을 찾는 유형으로, '세련'이 오답 찾기의 정답이다.
3) **24-14** 운동에 따른 힘의 작용을 설명하면서 일부 ( )로 비워놓고, 적절한 용어를 찾는 유형으로, 1) 안정성 요인은 중력선과 중력 중심, 지지면이고, 2) 물체에 힘을 가하는 요인은 관성과 가속도, 작용-반작용이며, 3) 힘을 받는 요인은 표면적과 거리이다.

[참고] 기저면과 무게 중심 : 중력선과 중력 중심, 지지면은 물리학의 관점이고, 운동역학에서는 이를 기저면과 무게 중심으로 말한다.
1) 기저면 : 인체가 지면에 닿았을 때 접촉점들을 연결한 면적이 기저면이고, 무게 중심은 기저면이 넓으면 보다 안정적이며, 무게 중심이 낮으면 높을 때보다 상대적으로 안정적이다. 옆 그림에서 발바닥 모양이 기저면이다.
2) 무게 중심 : 물체를 매달거나 받칠 때 수평으로 균형을 이루는 지점이다. 무게 중심을 통해 물체의 안정성과 균형을 분석할 수 있다.

기저면과 무게 중심

② 물체에 힘을 가하는 요인
   ㉠ 관성(inertia) : 물체가 현재의 운동 상태를 계속 유지하려는 성질로, 정지해 있는 물체는 계속 정지해 있으려고 하고, 움직이고 있는 물체는 계속 그 속도로 움직이려고 하는 성질이 있다.
   ㉡ 가속도(acceleration) : 물체의 운동 속도가 시간에 따라 변하는 정도를 나타내며, 빨라지거나 느려지거나 방향을 바꾸는 속도 변화율을 말한다.
   ㉢ 작용과 반작용 : 물체 A가 물체 B에 힘을 가할 때, 물체 B는 동일한 크기의 힘을 반대 방향으로 물체 A에 가한다.

③ 힘을 받는 요인
   ㉠ 표면적(surface area) : 물체의 모든 면적을 합한 총면적을 말한다.
   ㉢ 거리(distance) : 두 지점 사이의 물리적 간격을 말한다.

나. 기본 운동의 발달

1) 유아의 운동 발달의 구성[1)]
㉠ 기본 운동 발달 구성요소는 안정성 발달 운동, 이동운동, 조작 운동로 구분한다.
㉡ 안정성 운동
  • 정지 상태에서 안정을 유지하거나, 움직이면서 무게 중심의 이동으로 균형적인 요소를 강조하는 운동
  • 정적 안정성과 동적 안정성 운동으로 구분한다.
㉢ 이동성 운동
  • 신체를 이용하여 공간을 이동하는 운동
  • 단일 요소를 사용하는 이동성 운동과 복합 요소를 사용하는 이동성 운동으로 구분한다.
㉣ 조작 운동
  • 도구를 사용하며 움직이는 운동
  • 추진 조작 운동, 흡수 조작 운동과 대근 조작 운동, 소근 조작 운동으로 구분한다.

2) 안정성 발달
① 안정성 운동의 분류[2)] : 축성 안정성 운동, 정적 안정성 운동, 동적 안정성 운동
   [참고] 안정성 : 학자에 따라 평형성 운동으로 표현되기도 한다.
② 축성 안정성 운동[3)]
   ㉠ 축성 운동의 개념 : 몸의 어느 한 부위를 중심축으로 하여 움직이는 운동
   ㉡ 축성 운동의 종류 : 굽히기, 늘리기, 비틀기, 돌기, 흔들기

---

1) 20-16 조작 운동과 안정성 운동 내용을 보기로 제시하고, 적합한 용어를 바르게 선택한 것을 찾는 유형
2) 15-07 안정성 운동 능력에 대한 설명으로 옳은 것을 찾는 유형
3) 21-06 안정성 운동의 특성에 대한 설명으로 틀린 것을 찾는 유형으로, '몸통 앞으로 굽히기'는 정적 안정성 운동이라고 설명한 내용이 오답 찾기의 정답이다. 이는 축성 안정성 운동이다.
   18-07 축성 운동에 대한 설명이 바르게 된 것을 찾는 유형
   17-04 안정성 향상 프로그램이 아닌 것을 찾는 유형으로, 슬라이딩이 오답 찾기의 정답이다.
   16-10 축성 운동이 아닌 것을 찾는 유형으로, 던지기는 대근 조작 운동으로, 오답 찾기의 정답이다.

③ 정적 안정성 운동과 동적 안정성 운동[1]

구분	내용과 사례
정적 안정성 운동	• 내용 : 무게 중심이 고정되어 있을 때 평형을 유지하는 능력 • 사례 : 직립 균형, 물구나무서기로 균형
동적 안정성 운동	• 내용 : 무게 중심이 이동할 때 평형을 유지하는 능력 • 사례 : 구르기, 시작하기, 멈추기, 재빨리 피하기, 돌기, 흔들기

3) 이동운동 발달

① 이동운동의 구분[2]

구분	내용	사례
단일기술	단일 요소의 이동운동	걷기, 달리기, 도약, 호핑, 점핑
복합기술	복합 요소의 이동운동	기어오르기, 갤로핑, 슬라이딩, 스키핑, 번갈아 뛰기

② 이동운동의 내용[3]
  ㉠ 걷기 : 지지 면과 접촉면을 유지하면서 한 발은 바닥에 대고, 다른 발은 앞으로 옮기는 동작을 사용하여 이동
  ㉡ 달리기 : 지지 면을 짧은 순간 접촉하지 않으면서 달리는 동작을 사용하여 이동
  ㉢ 도약 : 멀리 뛰거나, 높이 뛰거나, 뛰어내리기 등으로 한 발 또는 두 발로 뛰어올라 착지하는 동작을 사용하여 이동
  ㉣ 호핑(hopping) : 한쪽 발만 사용하여 뛰어올랐다가 같은 발로 착지하는 동작으로 이동
  ㉤ 갤로핑(galloping) : 한쪽 발로 걷거나 뛰어오르면 뒷발이 따라오는 형태의 동작을 사용하여 이동
  ㉥ 스키핑(skipping) : 한 박자 사이에 오른발을 앞에 내고 가볍게 뛰면서 왼쪽 무릎을 굽혀 앞으로 올리는 형태의 동작을 사용하여 이동

③ 유아의 성장과 이동운동의 출현 순서[4]

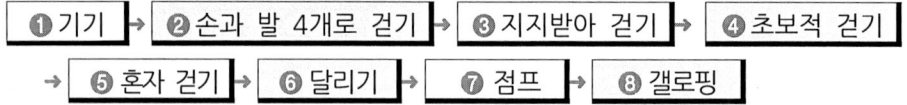

4) 조작 운동 발달

① 조작 운동의 개념[5] : 사물을 조작하거나, 움직이는 사물을 받아들이는 운동과 근육을 조작하는 운동

---

1) **23-03** 기본 움직임 기술의 구성요소 설명이 잘못된 것을 찾는 유형으로, 구르기, 굽히기, 직립 균형이 이동성 운동으로 연결되어 오답 찾기의 정답이다.
2) **22-14** 징검다리 걷기와 네발로 걷기를 보기로 들고, 기본 운동 기술 요소와 기초체력 요소를 찾는 유형
   17-02 이동 기술(locomotion) 4가지 중 복합 기술을 찾는 유형으로, 갤로핑은 복합기술이다.
3) **20-11** 호핑에 대한 설명을 보기로 제시하고, 무엇이라고 하는지 묻는 유형
   19-13 스키핑 내용과 움직임 그림을 제시하고, 무슨 움직임인지 묻는 유형
4) **15-18** 이동운동의 출현 순서가 바르게 연결된 것을 찾는 유형
5) **21-12** 조작 운동에 대한 개념을 보기로 제시하고, 무엇이라고 하는지 묻는 유형

② 조작 운동의 구분[1]

구분		내용과 사례
추진 조작 운동		• 내용 : 물체가 신체로부터 멀어지도록 만드는 움직임의 운동 • 사례 : 굴리기, 던지기, 차기, 치기, 튀기기, 맞추기, 되받아치기
흡수 조작 운동		• 내용 : 움직이는 물체를 정지시키거나, 진행을 바꿀 목적으로 신체 부위를 사용하는 운동 • 사례 : 잡기, 받기, 볼 멈추기
근육 조작 운동	대근 조작 운동	• 내용 : 골격근 중 동체·사지 등의 대근육군을 사용하는 운동 • 사례 : 던지기, 차기, 치기
	소근 조작 운동	• 내용 : 손기술 등 작은 근육을 사용하는 운동 • 사례 : 쓰기, 그리기, 자르기

> **요점** 기본 운동의 구성요소 : 기본 운동 분류를 요약하면 아래와 같다.
>
>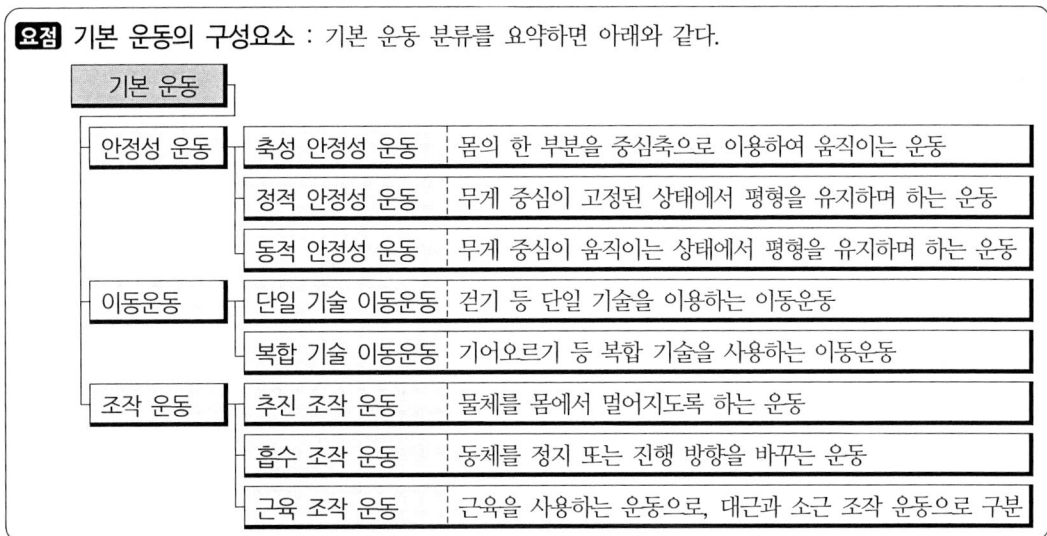

다. 기본 운동의 발달

1) 기본 운동 발달의 단계

① 기본 운동 발달의 단계 구분 : 기본 운동은 모두 시작 단계, 초보 단계, 성숙 단계로 구분되며, 단계별 특징을 갖고 있다.

② 기본 운동 발달의 단계 분류

  ㉠ 시작 단계는 운동을 처음 시도하는 단계
  ㉡ 여러 번 시행하여 미숙하지만, 진행할 수 있는 단계는 초보 단계
  ㉢ 성숙 단계는 운동 동작을 충분히 이해하고 시행할 수 있는 단계이다.

> **참고** 기본 운동 발달의 단계 : 기본 운동 발달 요소의 단계별 특징은 분량이 많아 외우기 어려운 부분으로, 읽고 이해하는 수준으로 학습하는 것이 필요하다. 단계별 내용을 서술한 것으로, 보는 관점에 따라 많은 차이를 나타내는 부분이다. 2015년 시험 시행 후 현재까지 여기에서 7문제가 출제되었다.

---

[1] **23-14** 조작 운동과 지각운동 구성 요소의 연결이 옳은 것을 찾는 유형
   19-07 보기로 흡수 조작 운동 내용을 보기로 제시하고, 무엇이라고 하는지 묻는 유형
   18-05 보기로 제시된 내용 중 추진 조작 운동을 모두 고른 것을 찾는 유형
   17-19 흡수 조작 운동을 찾는 유형으로, 정답은 볼 멈추기이다.
   16-16 조작 운동이 아닌 것을 찾는 유형으로, 달리기는 이동운동으로 오답 찾기의 정답이다.

2) 안정성 운동

① **축성 움직임** : 신체의 한 부분을 축으로 이용하는 움직임으로, 팔을 뻗어 몸을 옆으로 굽히거나, 선 채로 몸을 앞뒤로 굽히는 운동이다.
  ㉠ 시작 단계의 특징
    - 지지 면이 지나치게 넓다.
    - 순간적으로 균형을 잃어버린다.
    - 결합 움직임이 조화롭지 못하고 따로 노는 느낌이고, 다음 순서 전환이 원활하지 않다.
    - 1회에 한 가지 또는 두 가지 동작만 가능하다.
  ㉡ 초보 단계의 특징
    - 균형이 잘 유지되고, 지지 면이 적절한 상태로 유지된다.
    - 유사한 움직임의 협응성은 좋지만 다른 움직임으로 전환하는 데 애로를 겪는다.
    - 결합 움직임이 조화롭지 못하여 따로 노는 느낌이고, 다음 순서 전환이 원활하지 않다.
    - 2~3세 가지 움직임을 결합할 수 있다.
  ㉢ 성숙 단계의 특징
    - 동작 간 흐름이 유연하다.
    - 연속적 움직임을 쉽게 연결할 수 있고, 전체적으로 잘 제어된 형태를 유지한다.
    - 4가지 혹은 그 이상의 움직임을 무리 없이 연결할 수 있다.

② **구르기**[1] : 구르기는 몸의 위치 이동이 동반되므로 이동성이지만 균형을 이루어야 하는 능력이 필요하므로 축성 안정성 운동으로 분류하며, 앞으로, 뒤로, 옆으로 구르기 등이 있다.
  ㉠ 시작 단계의 특징
    - 머리를 바닥에 대기 어렵다.
    - 구르는 동작 준비를 위한 양손의 협업이 어렵다.
    - 몸체의 팔과 다리가 C자 형태로 지면에 닿아 있다.
    - 앞으로 구른 후 엉덩이와 다리 부분이 지면에 닿아 있고, 머리는 천정을 향해 L자 형태를 이룬다.
  ㉡ 초보 단계의 특징
    - 앞으로 구른 다음 동작이 끊어져 버린다.
    - 머리 위치를 통해 전체 동작을 이끌어가야 한다.
    - 몸체 형태가 처음에는 C자 형태, 끝난 후 L자 형태는 시작 단계와 같다.
    - 양손과 팔이 협업이 되면 동작 수행이 수월하다.
    - 1번의 시기로 1번만 구를 수 있다.
  ㉢ 성숙 단계의 특징
    - 머리 뒷부분이 지면에 살짝 닿아야 한다.
    - 양팔은 구르는 동안 도움을 줄 수 있어야 한다.
    - 구르는 동안 몸통은 C자 형태가 되도록 한다.
    - 운동 지속으로 인해 시작 자세로 돌아온다.

③ **피하거나 움직여 막기** : 축성 움직임으로, 미끄러짐의 이동성 동작이 빠른 방향 전환과 결합한 운동
  ㉠ 시작 단계의 특징
    - 몸이 뻣뻣한 상태로, 움직임이 연속적이지 못하다.
    - 무릎이 살짝 굽힌 상태로, 체중이 한쪽에 쏠려 있다.
    - 양발은 엇갈린 상태로 향하고 있다.

---

[1] **22-17** 구르기 동작에서 성숙 단계로 발달하도록 지도하는 방법으로 틀린 것을 찾는 유형으로, '이마가 지면에 닿게 지도한다.'가 오답 찾기의 정답이다. 머리 뒷부분이 지면에 닿도록

ⓛ 초보 단계의 특징
- 신체 협응 움직임으로 이루어진다.
- 과하게 몸통을 들어 올리는 경향이 있다.
- 양발이 가끔 엇갈린다.

ⓒ 성숙 단계의 특징
- 준비 자세는 무릎을 약간 굽히고 몸통이 앞으로 기울어진 상태이다.
- 방향 전환을 유연하게 할 수 있다.
- 측면 움직임이 능숙하게 나타난다.

④ **한발 균형잡기** : 한발 균형잡기는 정적 안정성 능력의 기본적 자세이다.
  ㉠ 시작 단계의 특징
  - 들어 올린 쪽의 발이 허벅지 접촉면과 평형에 가까이 올라간다.
  - 안정적으로 균형을 잡거나, 잡지 못하는 상태이다.
  - 외부 보조를 통해 균형을 잡거나, 순간 잡은 상태에서 무너져 버린다.
  - 시선은 발 쪽을 향한다.

  ㉡ 초보 단계의 특징
  - 눈을 감은 상태에서는 균형을 잡지 못한다.
  - 균형을 잡기 위해서 팔을 들어 올리거나 몸체 붙인다.
  - 균형잡기가 양발의 차이가 나타날 수 있다.

  ㉢ 성숙 단계의 특징
  - 눈을 감은 상태에서도 균형을 잡을 수 있다.
  - 균형 유지를 위해 몸과 팔을 사용할 수 있다.
  - 지면에 닿지 않은 다리는 공중에서 움직일 수 있다.

⑤ **물구나무서기** : 물구나무서기는 손 또는 팔꿈치가 지면에 닿고, 다리를 위로하여 직립의 반대로 서는 운동이다. 벽면 등을 보조로 활용할 수 있고, 보조 없이도 가능하다.
  ㉠ 시작 단계의 특징
  - 양팔과 머리를 지면에 닿은 상태에서 한쪽 발도 지면에 닿고, 반대 발로 시작한다.
  - 양팔과 머리를 지면에 닿은 상태에서 3초 이상 물구나무를 설 수 있다.
  - 움직임에 대한 각 부위의 협응력은 크게 요구되지 않는다.

  ㉡ 초보 단계의 특징
  - 양팔과 머리의 삼각 지지를 통해 낮은 자세의 물구나무서기를 유지할 수 있다.
  - 3초 이상의 균형을 유지할 수 있다.
  - 물구나무선 양발을 굽혔다 폈다 할 수 있다.

  ㉢ 성숙 단계의 특징
  - 양팔만 지면에 닿은 상태로 머리를 들어 올릴 수 있다.
  - 정적 자세를 유지할 수 있으며, 신체 부위를 잘 제어할 수 있다.
  - 두 지점 또는 세 지점 지지하면서 몸체를 위아래로 오르내릴 수 있다.

⑥ **평균대 위 걷기** : 평균대 위 걷기는 동적 평형성을 측정할 수 있다.
  ㉠ 시작 단계의 특징
  - 보조받아 평균대 위를 걸을 수 있다.
  - 한발을 먼저 앞으로 내밀고, 반대편 발이 따라오는 방식을 이용한다.
  - 시선을 앞발에 둔다.

  ㉡ 초보 단계의 특징
  - 넓이 5㎝에서는 걷지만 2.5㎝에서는 걷지 못한다.

- 한쪽 발로 걷고, 뒷발은 딸려 오는 방식으로 걷는다.
- 팔을 이용하여 몸의 균형을 잡는다.
ⓒ 성숙 단계의 특징
- 넓이 2.5㎝의 평균대에서 걸을 수 있다.
- 발을 번갈아 가면서 걸을 수 있다.
- 긴장하지 않고, 자신 있게 걷는다.

3) 이동성 운동

① **걷기**[1] : 걷기는 직립 상태에서 균형을 잃지 않고, 반복적으로 앞으로 나가는 과정이다. 한 발은 지면에 닿은 상태에서 다른 발을 앞으로 옮기는 운동이다.
  ㉠ 시작 단계의 특징
  - 직립 자세를 유지하기 어렵다.
  - 균형을 잡기가 어렵고, 다리 움직임이 뻣뻣하고 불안정하다.
  - 보폭이 짧고, 발바닥 전체가 지면에 닿는 형태로 걷는다.
  - 걷는 형태가 불규칙하다.
  - 안정성 확보를 위해 기저면과 무게 중심이 상대적으로 넓고, 일직선을 향한다.
  ㉡ 초보 단계의 특징
  - 걷는 형태가 점차 유연해진다.
  - 보폭이 늘어난다.
  - 양팔을 옆으로 내려 약간씩 흔든다.
  - 발을 수직으로 들어올리기 시작한다.
  ㉢ 성숙 단계의 특징
  - 다리를 움직일 때 협응으로 팔을 움직인다.
  - 보폭이 커지고 몸통이 안정되어 있다.
  - 발의 뒤꿈치가 먼저 땅에 닿고 다음에 앞꿈치를 닿는다.

② **달리기** : 달리기는 걷기의 연장 상태이다. 두 발이 지면에 닿지 않는 짧은 비행 상태가 걷기와 다른 점이다.
  ㉠ 시작 단계의 특징
  - 다리를 짧게 제한적으로 흔든다.
  - 발의 내디딤이 일정치 않고 뻣뻣한 상태이다.
  - 비행 상태가 아주 짧거나 나타나지 않는다.
  - 팔의 움직임이 불규칙하다.
  ㉡ 초보 단계의 특징
  - 보폭이 늘어나고, 팔을 자연스럽게 흔들며, 속도가 빨라진다.
  - 짧게나마 비행 상태가 나타난다.
  - 팔 흔들기가 자연스러워진다.
  - 비행하는 발이 뒤편 발과 중심선에서 교차한다.
  ㉢ 성숙 단계의 특징
  - 보폭이 늘어나고 발의 움직임이 빨라진다.
  - 비행 상태가 뚜렷이 나타난다.
  - 지지하는 다리가 일직선으로 펴진다.
  - 팔이 협응을 통해 적당한 각도로 굽혀진다.

---

1) **17-05** 걷기운동의 시작 단계 특징 설명으로 틀린 것을 찾는 유형으로, '기저면이 상대적으로 좁다'라는 것이 오답 찾기의 정답이다.

③ **내려오기(뛰어내리기)** : 내려오기는 비행 단계 없이 내려오기와 비행하여 내려오기가 있으며, 높은 위치에서 낮은 곳으로 내려오는 동작이다.
  ㉠ 시작 단계의 특징
    • 한발이 먼저 내려오고, 다른 발이 내려와 비행 단계가 없다.
    • 균형을 유지하기 위해 팔을 많이 사용한다.
  ㉡ 초보 단계의 특징
    • 두 발로 도약하지만, 한쪽 발이 먼저 지면에 닿아 균형을 잡지 못한다.
    • 비행 단계가 나타나지만, 착지가 유연하지 못하다.
    • 지면에 닿을 때 무릎과 엉덩이의 펴짐 상태가 유연하지 못하다.
  ㉢ 성숙 단계의 특징
    • 두 발을 함께 사용하여 도약하고 착지한다.
    • 균형을 잡기 위해 두 팔을 바깥으로 뻗친다.
    • 발 앞면이 먼저 지면에 닿고 다음 뒷부분이 지면에 닿는다.
    • 뛰어내린 만큼 무릎과 엉덩이를 굽힌다.

④ **올라가기(뛰어오르기)** : 올라가기는 한발이 먼저 올라간 후 다른 발이 따라 오르거나, 머리를 한꺼번에 사용하여 위치가 낮은 곳에서 높은 곳으로 이동하는 운동이다.
  ㉠ 시작 단계의 특징
    • 두 발로 도약하기 어려우므로 한발이 먼저 올라간 후 다른 발이 올라간다.
    • 오르기 위한 몸의 웅크림 자세가 일정하지 않다.
    • 발과 몸통, 다리의 협응이 어렵다.
    • 올라가는 높이가 아주 낮다.
  ㉡ 초보 단계의 특징
    • 두 발로 도약한다.
    • 준비 자세에서 과도하게 앞으로 몸을 숙이는 현상이 나타난다.
    • 비행 단계에서 팔을 벌려 균형을 유지하려고 한다.
  ㉢ 성숙 단계의 특징
    • 비행 전 무릎을 60~90도 정도로 꿇어 도약 준비 자세를 취한다.
    • 엉덩이와 무릎, 발목의 협응 자세가 잘 이루어지고 힘차게 뻗는다.
    • 팔을 앞으로 내민 후 뒤로 보내면서 도약의 보조 자세를 취한다.
    • 머리를 든 상태에서 시선은 착지 지점을 향한다.

⑤ **멀리뛰기** : 멀리뛰기는 '수평 점프하기'라고도 한다. 제자리에서 모둠발 멀리뛰기, 달려와 멀리뛰기 등으로 나눈다.
  ㉠ 시작 단계의 특징
    • 도약을 위한 스윙 자세가 성성하거나 제한적이다.
    • 도약할 때 양팔의 협응이 미흡하다.
    • 몸통은 약간 구부려 C자 형태를 유지하지만, 일관성이 부족하다.
    • 착지할 때 몸무게가 뒤로 쏠린다.
  ㉡ 초보 단계의 특징
    • 도약하기 전에 양팔을 흔든다.
    • 도약을 위해 웅크린 자세에서 양팔과 협응을 이룬다.
    • 비행 상태에서 무릎과 엉덩이가 펴진다.
  ㉢ 성숙 단계의 특징
    • 웅크린 자세에서 양팔을 뒤쪽으로 높이 올리려고 한다.

- 비행 자세에서 몸통을 45도 각도로 앞으로 기울고 양팔도 앞으로 뻗는다.
- 수평 점프 길이가 길어진다.
- 지면에 닿을 때 체중이 앞으로 쏠린다.

⑥ **껑충 뛰기**[1] : 껑충 뛰기는 제자리에서 모둠 발로 껑충 뛰기와 달려와 도움닫기를 이용해 껑충 뛰기로 나눌 수 있다.
  ㉠ 시작 단계의 특징
   - 수직 점프 길이와 수평 점프 길이가 함께 미약하다.
   - 팔과의 협응이 어렵다.
   - 달려와 껑충 뛰기에서 도약하는 발이 일정하지 않다.
  ㉡ 초보 단계의 특징
   - 큰 보폭의 달리기처럼 보인다.
   - 몸통이 불안정하며 유연성이 부족하다.
   - 팔과의 협응이 부족하다.
   - 비행하는 동안 다리를 웅크린다.
  ㉢ 성숙 단계의 특징
   - 유연한 동작이 일어난다.
   - 외발 도약에서 다리에 힘을 준다.
   - 팔과의 협응이 순조롭다.
   - 수직과 수평 점프가 적절하게 결합한다.

⑦ **호핑** : 호핑은 한쪽 발만 사용하여 뛰어올랐다가 같은 발로 착지하는 동작으로 이동한다.
  ㉠ 시작 단계의 특징
   - 지면에서 떨어진 다리의 구부림 정도가 미약하다.
   - 협응하는 팔의 위치가 불안정하다.
   - 균형을 잡기가 쉽지 않다.
   - 시행 횟수가 1~2회 정도에 불과하다.
  ㉡ 초보 단계의 특징
   - 지면에 닿지 않은 쪽 다리는 구부린 상태이다.
   - 지면에 닿지 않은 쪽 다리가 위아래로 움직이는 협응을 통해 더 큰 힘을 얻는다.
   - 팔은 협응으로, 크게 위아래로 움직인다.
  ㉢ 성숙 단계의 특징
   - 지면에 닿지 않은 다리가 엉덩이 가까운 쪽으로 구부린다.
   - 지면에 닿지 않은 다리를 부드럽게 엉덩이 쪽으로 들어 올린다.
   - 몸통을 앞으로 약간 숙인다.
   - 더 큰 힘을 얻기 위해 팔을 아래위로 움직인다.

⑧ **갤로핑** : 갤로핑은 한쪽 발로 걷거나 뛰어오르면 뒷발이 따라오는 형태의 동작을 사용하여 이동한다.
  ㉠ 시작 단계의 특징
   - 속도가 느리고 동작이 부드럽지 못하다.
   - 끌려가는 다리가 앞다리와 닿거나 가까이 위치한다.
   - 균형을 잡거나 힘을 내기 위한 팔의 협응이 미흡하다.
  ㉡ 초보 단계의 특징
   - 연결 동작이 불규칙하고, 부드럽게 연결되지 않는다.

---

1) **21-10** 껑충 뛰기(수직 점프)의 성숙 단계 특징으로, 틀린 것을 찾는 유형

- 비행 또는 이동 때 뒷발이 앞발에 붙거나 가깝게 착지한다.
- 팔이 비교적 양호하게 협응한다.

ⓒ 성숙 단계의 특징
- 동작이 부드럽게 이루어진다.
- 적정한 속도를 유지한다.
- 비행 높이가 낮은 패턴을 유지한다.

⑨ **스키핑** : 스키핑은 한 박자 사이에 오른발을 앞에 내고 가볍게 뛰면서 왼쪽 무릎을 굽혀 앞으로 올리는 형태의 동작을 사용하여 이동한다. 걷기와 뛰기를 번갈아 가면서 이동한다.

ⓐ 시작 단계의 특징
- 의도적인 스텝과 호핑 동작이 일어난다.
- 스텝 동작이 과도하게 나타난다.
- 팔 사용이 미숙하다.
- 동작을 연속적으로 이어가지 못한다.

ⓑ 초보 단계의 특징
- 스텝과 호핑의 협응이 비교적 수월하다.
- 다리와 팔의 협응이 비교적 수월하다.
- 착지 때 발바닥 전체를 사용한다.

ⓒ 성숙 단계의 특징
- 체중 이동이 부드럽게 지속적으로 이루어진다.
- 발과 팔의 협응이 잘 이루어진다.
- 착지할 때 발끝을 사용한다.
- 호핑 시 올라가는 높이가 낮아진다.

4) 조작 운동

① **받기** : 움직이는 공 등의 물체를 손을 사용하여 받는 운동이다.

ⓐ 시작 단계의 특징
- 공 등 물체가 오는 쪽을 보던 시선을 갑자기 얼굴 보호를 위해 돌려버린다.
- 양손을 물체가 오는 쪽으로 뻗어 몸 앞에 위치시킨다.
- 몸체 움직임은 물체가 닿기 전까지는 매우 제한적이다.
- 손바닥은 천정을 향해 뻣뻣하게 굳은 상태이다.

ⓑ 초보 단계의 특징
- 받아야 할 타이밍을 잘 맞추지 못한다.
- 공 등 물체를 받지 못하고 떨어트리는 경우가 가끔 발생한다.
- 팔꿈치를 굽히는 준비 자세를 취한다.
- 물체를 받기 위해 손바닥을 벌리며, 시선은 손가락 쪽을 향한다.

ⓒ 성숙 단계의 특징
- 시선이 물체의 이동에 따라 움직인다.
- 팔의 위치가 몸통 옆에서 자연스럽게 자리를 잡으며, 팔뚝을 몸 앞쪽에 위치시킨다.
- 물체 이동의 힘을 흡수하면서 접촉한다.
- 정확한 타이밍으로 양손을 사용하여 물체를 잡는다.

② **던지기**[1] : 던지기는 오버핸드 던지기와 옆으로 던지기, 아래로 던지기 등의 운동이다.
　㉠ 시작 단계의 특징
　　• 팔꿈치 위주로 동작한다.
　　• 양발은 고정된 상태를 유지한다.
　　• 몸통 회전의 힘을 활용하지 못한다.
　　• 시선은 공을 보내는 방향을 주시한다.
　　• 몸통은 던질 목표 방향과 평형을 이룬다.
　㉡ 초보 단계의 특징
　　• 준비 단계에서 팔꿈치를 굽힌 자세에서 팔은 위→뒤→앞쪽으로 이동하는 스윙을 한다.
　　• 몸통은 바로 선 자세에서 뒤로 젖혔다가 반동을 이용하여 앞으로 이동하면서 던진다.
　　• 체중은 뒷발에서 앞발로 이동된다.
　　• 던지는 팔과 같은 쪽의 발이 앞으로 이동한다.
　㉢ 성숙 단계의 특징
　　• 준비 단계에서 팔과 몸통을 뒤로 돌린다.
　　• 던지기 위한 팔의 준비 단계에 반대편 발꿈치를 들어 올려 전체적 균형을 잡는다.
　　• 팔뚝을 회전시켜 물체에 이동 힘을 부여한다.
　　• 던지는 쪽 어깨가 몸통과 함께 회전한다.
　　• 체중은 뒷발에 실렸다가 몸통 회전과 함께 앞발로 옮아온다.
　　• 체중은 뒷발에서 앞발로 이동된다.
　　• 던지는 팔의 반대편 발이 앞으로 나온다.
③ **치기** : 치기는 야구처럼 움직이는 물체를 치거나, 골프처럼 정지된 상태의 물체를 치는 운동이다.
　㉠ 시작 단계의 특징
　　• 치려는 동작의 궤적이 뒤쪽에서 앞쪽으로 이루어져야 하지만 미숙하다.
　　• 양발은 기마자세로 고정되고, 적정한 무릎 굽힘과 벌림이 필요하지만 미숙하다.
　　• 몸통 회전이 거의 없거나 미숙하다.
　　• 척추 이동으로 힘이 생성되어야 하지만 미숙하다.
　㉡ 초보 단계의 특징
　　• 힘을 싣기 위한 체중 이동이 필요하지만 미숙하다.
　　• 허리와 엉덩이가 함께 움직인다.
　　• 몸통을 회전시키면서 움직일 때 자세가 유연하지 못하다.
　㉢ 성숙 단계의 특징
　　• 치기 전 뒷발에 체중을 싣는다.
　　• 엉덩이를 회전하는 힘으로 친다.
　　• 허리와 엉덩이가 함께 움직인다.
　　• 수평 상태 또는 수직 상태에 더 많은 힘이 실린다.
④ **차기** : 차기는 공 등의 물체를 발로 차는 운동으로, 대표적인 것이 축구이다.
　㉠ 시작 단계의 특징
　　• 몸통의 협응이 어렵고, 뻣뻣한 자세로 선 자세에서 발만 앞으로 내밀며 찬다.
　　• 차기 위한 발의 백스윙이 제한적이며, 폴로스루가 거의 없다.
　　• 차는 동작보다는 미는 형태이다.

---

1) [20-17] 던지기 운동의 시작, 초보, 성숙 단계의 내용을 보기로 제시하고, 바르게 연결된 것을 찾는 유형
　　[17-20] 던지기 운동의 시작 단계의 특징으로, 틀린 것을 찾는 유형으로, '체중을 이용한다.'가 오답 찾기의 정답이다. 던지기 운동에서 체중 이용은 초보 단계의 특징이다.

- ⓒ 초보 단계의 특징
  - 차기를 위한 발의 백스윙이 무릎을 중심으로 일어난다.
  - 차는 다리에 힘이 들어가 유연하지 못하다.
  - 차는 자세 유지를 위해 팔을 사용 몸의 균형을 유지한다.
- ⓒ 성숙 단계의 특징
  - 차기 동작을 위해 팔을 흔들어 균형을 유지한다.
  - 폴로스루가 일어나는 동안 몸통이 약간 굽혀진다.
  - 차는 다리의 움직임은 엉덩이에서 작용한다.
  - 차는 다리의 백스윙과 폴로스루의 길이가 길어진다.
  - 차는 쪽 반대편 다리는 균형 유지와 안정적으로 차기 위해 약간 굽혀진다.

⑤ <u>트래핑</u> : 날아오거나, 굴러오는 공을 컨트롤하는 기술로, 머리·가슴·정강이·대퇴·목·발, 팔 등 신체 각 부위를 사용하는 운동이다.

[용어] 트래핑(trapping) : 축구 등에서 자기에게 다가오는 볼, 또는 지나가는 볼을 어깨 등 몸을 이용하여 멈춰 세우거나 자기가 원하는 위치에 떨궈 놓는 기술

- ⓘ 시작 단계의 특징
  - 공이 오는 상태에서 몸이 뻣뻣하며 반응이 없다.
  - 공이 신체에 접촉했을 때 운동의 힘을 흡수하지 못한다.
  - 공을 트래핑 하는 신체 부위와 같은 선상에 위치시키지 못한다.
- ⓒ 초보 단계의 특징
  - 시선이 공을 향하게 하는 것이 서투르다.
  - 공이 접근하면 신체 움직임 타이밍과 순서를 맞추는 데 어려움을 겪는다.
  - 구르는 공은 쉽게 트래핑 하지만, 날아오는 공은 트래핑에 어려움을 겪는다.
  - 트래핑 하기 위한 몸의 움직임이 유연하지 못하다.
  - 트래핑 동작을 위해 어떤 신체 부위를 사용해야 할 것인지 결정하지 못한다.
- ⓒ 성숙 단계의 특징
  - 시선이 다가오는 공을 쫓는다.
  - 공을 접촉할 때 신체 각 부위의 협응이 일어난다.
  - 굴러오거나, 날아오는 공을 중간에 트래핑할 수 있다.

⑥ <u>발로 드리블</u>[1] : 축구에서 발로 공을 컨트롤하는 운동이다.

[용어] 드리블(dribble) : 구기 종목에서 손 또는 발을 사용하여 공을 가지거나, 몰고 가는 기술

- ⓘ 시작 단계의 특징
  - 드리블하는 공과의 거리가 일정하지 않고, 들쑥날쑥한 편이다.
  - 드리블하는 발 이외 신체 부위의 협응이 부족하다.
  - 드리블하는 공을 발 가까이에 위치시키려고 한다.
  - 두 발이 붙어 있거나, 11자 형태에서 드리블한다.
- ⓒ 초보 단계의 특징
  - 바운드 되는 공의 높이가 일정하지 않다.
  - 공을 아래쪽 또는 반대 방향으로 미는 발의 힘이 일정하지 않다.
  - 드리블하는 동안 공에 대한 제어가 미숙하다.
  - 드리블할 때 발과 반대 발의 협응이 미숙하다.

---

[1] 21-05 드리블의 성숙 단계 특징에 대한 설명으로 옳은 것을 찾는 유형

ⓒ 성숙 단계의 특징
- 몸통이 앞으로 약간 기울어진 상태이다.
- 반복적 접촉과 밀어내기는 발가락 끝을 주로 사용한다.
- 한 발을 앞으로 내밀고 반대편 손으로 드리블한다.

⑦ **손으로 드리블**[1] : 농구나 핸드볼에서 손으로 공을 컨트롤하는 운동이다.
- ㉠ 시작 단계의 특징
  - 드리블하는 공과의 거리가 일정하지 않고, 들쑥날쑥한 편이다.
  - 드리블하는 손 이외 신체 부위의 협응이 부족하다.
  - 드리블하는 공을 손 가까이에 위치시키려고 한다.
- ㉡ 초보 단계의 특징
  - 바운드 되는 공의 높이가 일정하지 않다.
  - 공을 아래쪽 또는 반대 방향으로 미는 손의 힘이 일정하지 않다.
  - 드리블하는 동안 공에 대한 제어가 미숙하다.
  - 드리블할 때 손과 반대쪽 손발의 협응이 미숙하다.
- ㉢ 성숙 단계의 특징
  - 몸통이 앞으로 약간 기울어진 상태이다.
  - 반복적 접촉과 밀어내기는 손가락 끝을 주로 사용한다.
  - 한 발을 앞으로 내밀고 반대편 손으로 드리블한다.
  - 두 발을 좁게 벌리고, 내민 발 반대편 손을 앞으로 내밀어 드리블한다.

⑧ **발리** : 배구, 테니스, 배드민턴, 탁구 등에서 공이 바닥에 떨어지기 전에 받아넘기는 운동이다.
- ㉠ 시작 단계의 특징
  - 공 이동 경로 파악이 미흡하다.
  - 발리를 위한 신체 부위의 협응이 미약하다.
  - 공을 치거나, 때리는 위치 선정이 어렵다.
  - 타이밍을 맞추지 못해 공을 빠뜨리기도 한다.
- ㉡ 초보 단계의 특징
  - 시각이 공의 움직임을 따라가지 못한다.
  - 신체 부위별 협응이 미흡하다.
  - 폴로스루가 미흡하다.
  - 공의 방향에 대한 제어가 미흡하다.
- ㉢ 성숙 단계의 특징
  - 발리 시 신체의 협응이 잘 된다.
  - 발리 된 공의 방향과 힘이 적절하다.
  - 발리 시 몸통의 균형이 일어난다.

라. 지각운동

1) 지각운동의 이해

① **지각운동의 개념** : 감각기관을 통해 신체 외부의 사물을 인식하고, 이해하는 능력을 뜻한다.

---

[1] **24-20** 손 드리블의 성숙 단계로 발달하도록 하는 지도에서 적절하지 않은 것을 찾는 유형으로, '공을 튀길 때 손바닥으로 공을 때리도록 지도한다.'가 오답 찾기의 정답이다. 공을 바닥으로 튀길 때 팔과 손목, 손가락이 함께 공을 바닥 쪽으로 내밀어야 한다.

② 지각운동의 특성[1]
  ㉠ 유아기는 지각 발달의 최적기이다.
  ㉡ 지각운동의 발달은 운동 능력을 나타내는 중요 요소이다.
  ㉢ 유아기의 지각운동 경험이 많을수록 다양한 운동 상황에 반응하는 적응력이 발달된다.
③ **지각운동의 분류**[2] : 신체 지각, 공간 지각, 방향 지각, 시간 지각, 시 지각, 관계 지각, 움직임의 질 등으로 분류한다.

2) 지각의 구분

① **신체 지각** : 신체에 대한 이해로, 만 1세 전후로 발달하며, 가장 먼저 발달
  ㉠ 신체 각 부분의 위치와 정의에 대해 익히기
  ㉡ 신체 지각 발달 : 신체 각 부분에 대한 위치, 정의, 모양을 익히고, 느낌 표현의 전달자로서 신체를 이해하며, 근수축과 이완에 대해 이해하도록 한다.
② **공간 지각**[3]
  ㉠ 공간 지각의 개념 : 어디로 움직이는가 하는 문제로, 대상의 위치·방향·거리 등의 이해
  ㉡ 공간 지각의 발달 : 자신과 다른 사람의 공간을 인식하여 공간에서 안전하게 움직이는 방법과 움직임의 상황에 따라 범위를 조절하는 법을 익히며, 공간 위치·범위·관계 등을 이해한다.
③ **방향 지각**
  ㉠ 방향 지각의 개념 : 양측성과 방향성으로 구분
  ㉡ 방향 지각의 발달 : 양측성이란 방향을 인식하고, 방향 전환을 위·아래, 오른쪽·왼쪽 등을 익히며, 방향성은 서로 다른 대상을 지나가는 방법과 서로 다른 방법 즉 바로·커브·지그재그 등을 익힌다.
④ **시간 지각**[4]
  ㉠ 시간 지각의 개념 : 운동 능력에 대한 시간적 차원의 발달 과정
  ㉡ 시간 지각의 발달 : 과거, 현재, 미래 등의 개념을 익히고, 오전 또는 오후, 아침·점심·저녁, 속도(리듬에 맞추어 빨리 또는 느리게, 갑작스럽게 또는 천천히 등)와 리듬에 맞춘 동작, 동시성 등을 발달시킨다.(음악에 맞춰, 소리에 맞춰)
⑤ **시 지각**[5]
  ㉠ 시 지각의 개념 : 시각을 통한 자극을 인식하여 구별하는 인지적 능력으로, 형태 지각, 거리(깊이) 지각, 색채 지각으로 구분한다.
  ㉡ 형태 지각 : 형태를 구분하고, 여러 모양을 분간하는 능력으로, 신생아도 형태를 지각할 수 있다. 생후 6개월 정도에 급속히 발달한다.
  ㉢ 거리(깊이) 지각 : 생후 6개월 정도 지나면 거리를 인식할 수 있다. 가는 도중에 넘어지면서 거리 또는 깊이를 지각하게 된다.

---

1) **24-04** 지각운동에 대한 설명으로 틀린 것을 찾는 유형으로, '지각이란 신경 기관이 수집한 정보를 뇌에 전달하는 체계를 말한다.'가 오답 찾기의 정답이다. 이는 신경 전달이기 때문이다.
2) **21-08** 지각운동의 요소별 특징을 3가지 보기로 제시하고, 각각에 적합한 지각운동 요소를 바르게 선택한 것을 찾는 유형
  20-18 보기로 지도자와 유아의 대화 내용을 제시하고, 대화 내용이 어떤 지각운동에 대해 말하고 있는지 찾는 유형
  19-14 유아의 지각 운동발달 요소와 설명이 적절하지 않은 것을 찾는 유형
  16-14 지각 운동발달의 구성요소에 포함되지 않는 것을 찾는 유형
3) **17-16** 공간 지각 내용을 보기로 제시하고, 무슨 지각운동인지 묻는 유형
  15-12 공간 인지 능력을 발달시키는 운동에 적합한 것을 찾는 유형
4) **18-09** 음악에 맞춰 동작을 학습하는 운동은 어느 지각에 해당하는지 찾는 유형
5) **23-02** 형태 지각에 대한 설명으로 틀린 것을 찾는 유형으로, '대상과 떨어진 거리를 판단하는 지각'으로 설명된 것이 오답 찾기의 정답이다. 이는 거리(깊이) 지각이기 때문이다.

② 색채 지각 : 신생아 때부터 색채를 지각하며, 녹색과 적색을 구분할 수 있고, 생후 2개월에는 색채 대부분을 구분할 수 있다.
⑥ 관계 지각 : 어떤 움직임을 누구와 함께하느냐 하는 내용
  ⊙ 신체 부분 : 둥글게/구부려서, 좁게/넓게, 비틀기, 대칭/비대칭
  ⓒ 사물과 다른 사람과의 관계 : 위/아래, 켜고/끄고, 가까이/멀리, 앞에서/뒤에서, 따라서/지나서, 가까워지고/멀어지고, 둘러싸기/주변에/나란히
  ⓒ 사람들 간의 관계 : 이끌고/따라가고, 거울과 같이/어울리게, 일치/대비, 대중 속에 혼자/짝과 함께/단체로/그룹들 사이 등
⑦ 움직임의 질 : 움직임에 포함된 각 요소의 질적인 측면의 이해
  ⊙ 균형 : 움직임에서 균형의 역할과 정적·동적 균형의 본질에 대한 이해
  ⓒ 시간 : 속도에 대한 식별과 움직임의 속도 증가 및 감소에 대한 이해
  ⓒ 힘 : 과제에서 요구하는 개인의 힘을 만들어 내거나 수정할 수 있는 능력
  ② 흐름 : 제한된 시간 또는 공간에서 움직임을 수행하거나 부드럽게 연결하는 능력

마. 체력 발달

1) 체력 발달의 이해

① 건강 관련 체력
  ⊙ 건강을 유지하고 증진시키는 것과 관련 있는 체력으로, 신체 조성을 비롯하여 심폐지구력, 근력, 근지구력, 유연성 등을 포함한다.
  ⓒ 체력 요소는 개인의 건강과 밀접한 관계가 있으며 이들 체력 요소가 낮으면 신체 기능이 떨어지고, 건강이 좋지 않은 상태일 가능성이 크다.
  ⓒ 지나친 체지방은 비만을 초래하고, 이는 다시 당뇨병, 고지혈증, 고혈압 등의 합병증을 유발할 수 있으며, 이는 체중 관리를 통하여 지연시키거나 예방할 수 있다.
② 기술 관련 체력(=운동 관련 체력)
  ⊙ 운동이나 스포츠 기술을 원활하게 수행하는 것과 관련 있는 체력으로, 평형성, 순발력, 민첩성, 협응성, 스피드, 반응시간 등을 포함한다.
  ⓒ 운동수행이나 스포츠에서 우수한 성적을 얻기 위해서는 기술 관련 체력을 높은 수준으로 발달시켜야 한다.

2) 건강 관련 체력 요소

① 신체 조성
  ⊙ 몸의 지방량과 근육량의 상대적 비율을 나타내며, 체중에 대한 지방 비율인 체지방률이나 골격근량을 평가한다.
  ⓒ 지방이 과다하면 고혈압, 당뇨 등의 생활습관병의 발병률이 높아 건강 관련 체력 요소에 포함한다.
② **근력**[1]
  ⊙ 근육 수축으로 발휘되는 힘
  ⓒ 근육이 최대 수축할 때 발휘되는 힘을 최대 근력이라고 한다.
③ **근지구력** : 일정한 근력을 반복적으로 지속할 수 있는 능력을 말한다.
  [참고] 근력과 근지구력 : 근력과 근지구력은 근육을 사용하는 공통점으로 인해 함께 취급하기도 한다.
④ **유연성** : 관절의 가동 범위를 측정하는 것으로, 근육의 수축력과 인대의 발달 정도에 따라 영향을 받는다.

---

1) 22-14 네발로 걷기와 징검다리 걷기를 보기로 들고, 기본 운동 기술 요소와 기초체력 요소를 찾는 유형

⑤ **심폐지구력** : 운동 또는 신체활동 중 근육에 산소를 공급하는 능력을 말하며, 산소공급량이 많을수록 심폐지구력이 우수하다.

3) 기술 관련 체력 요소
① **평형성**
  ㉠ 신체의 안정성을 유지하는 능력으로, 정지 상태 또는 움직임 중의 신체 균형을 유지하는 능력으로, 정적 평형성과 동적 평형성으로 구분한다.
  ㉡ 정적 평형성은 고정된 자세를 유지하는 것을 말하며, 동적 평형성은 운동수행 중의 균형을 유지하는 것을 의미한다.
② **순발력**
  ㉠ 짧은 시간 최대의 힘을 발휘할 수 있는 능력으로, 파워(power)라고도 한다.
  ㉡ 축구의 슈팅, 배구의 스파이크, 역도 등 짧은 시간에 발휘되는 폭발적인 힘이다.
③ **민첩성** : 방향 전환 능력으로, 달리는 중 신속하게 정지하여 방향을 바꾸거나, 속도를 줄이지 않고 방향을 바꾸는 능력
④ **협응성** : 운동 과제 또는 기술에 성공하는 데 필요한 기능을 협동으로 사용하는 능력으로, 축구 드리블에서 공의 속도와 방향에 따라 움직이는 시각과 발의 협동 등을 말한다.
⑤ **스피드** : 빠르게 움직이거나, 위치를 옮기는 능력으로, 반응시간, 동작의 반복 속도, 일정 거리를 달리는 소요 시간으로 결정된다.
⑥ **반응시간** : 소리, 빛 등의 자극에 대하여 순간적으로 반응하는 능력을 말하며, 예를 들면 육상 달리기에서 출발신호에 반응하는 능력
  요점 체력의 구분[1]
    1) 건강 체력 : 신체 조성, 근력, 근지구력, 유연성, 심폐지구력
    2) 기술 체력 : 평형성, 순발력, 민첩성, 협응성, 스피드, 반응시간

바. 운동발달의 검사와 평가
1) 운동발달 검사의 개요
① **운동발달 검사의 필요성**
  ㉠ 운동발달 검사는 운동발달 상황을 확인할 수 있는 유용하고, 객관적인 지표를 제공한다.
  ㉡ 평가 결과는 특정 기술 수행에서 부족한 부분을 확인하고, 원인을 파악해 구체적인 운동 목표를 설정할 수 있다.
② **대근운동 능력 검사(TGMD)[2]**
  ㉠ 나이 3~10세 아동을 대상으로 한 이동 및 조작 운동 기술에 대한 검사 방법이다.
  ㉡ 12개 항목을 통해 대근운동의 능력을 검사한다.
    • 이동 기술(7가지) : 달리기, 갤로핑, 제자리멀리뛰기, 호핑, 슬라이딩, 릴, 무시
    • 물체 조작기술(5가지): 양손으로 치기, 제자리에서 공 튀기기, 받기, 차기, 오버핸드로 던지기
  용어 대근운동 : large muscle activities, 골격근 중 동체·사지 등 대근육군을 사용하는 운동
  용어 TGMD : test of gross motor development, 대근운동 능력 검사로, 3~10세 아동의 대근운동 발달 수준을 검사 도구이다. 1985년 미국 미시간대학의 Ulrich가 개발하였고, 1999년 TGMD-Ⅱ로 개정하였다.

---

1) **23-12** 체력 구분과 검사 방법이 바르게 연결된 것이 묶인 것을 찾는 유형
   19-06 보기에 제시된 내용 중 운동 기술 체력 요소와 운동 능력이 바르게 묶인 것을 찾는 유형
2) **24-08** TGMD-Ⅱ의 검사항목을 보기로 제시하면서 일부를 ( )로 비워놓고, 해당 용어를 찾는 유형
   23-16 TGMD의 검사항목과 수행 기준의 연결이 잘못된 것을 찾는 유형

2) 운동발달 검사의 평가[1]

① **운동발달 검사의 평가** : 운동발달 검사에 대한 평가는 기준에 따라 규준 지향평가와 준거 지향평가로 나누고, 내용에 따라 결과 지향평가와 과정 지향평가로 구분한다.

② **규준 지향평가와 준거 지향 평가**

구분	내용
규준 지향평가	대상자 점수를 규준에 따라 비교하며, 동일 집단 내에서 대상자의 상대적 위치를 알아보는 데 유용하다. 상대평가 방법으로 평가한다.
준거 지향평가	대상자 점수를 준거에 비교하며, 특정 기술이나 체력 등의 수준을 아는데 유용하다. 절대평가 방법으로 평가한다.

③ **결과 지향평가와 과정 지향평가**

구분	내용
결과 지향평가	검사 도구를 사용하여 그 결과를 동일 집단과 비교함으로써 교육 활동 등을 시작해야 하는 시점을 파악하는 평가
과정 지향평가	대상자가 환경 적응 과정을 관찰하여 자료를 수집하는 평가로, 대상자의 능력이나 특수한 요구사항을 파악하기 위함

3) 체력검사

① **유아의 체력 요소와 검사 방법[2]**

영역	요인	측정 항목
근력	몸 지탱하기	책상 2개 사이에 서서 양팔로 책상을 짚고 몸을 지탱하는 시간 측정
근지구력	2m 왕복달리기	2m 왕복을 달린 시간 측정
유연성	앉아서 몸 앞으로 굽히기	다리를 앞으로 뻗고 앉은 자세에서 상체를 굽혀 양팔을 뻗는다. 이때 발끝에서 손끝까지의 거리 측정
민첩성	모둠발 뛰어넘기	4.5m 거리에 50cm 간격으로 10개의 유니나를 놓고 모둠발로 뛰어넘는 시간 측정
순발력	제자리멀리뛰기	모둠발로 멀리 뛰어 거리 측정
평형성	평균대 위에서 외발서기	평균대 위에서 무릎을 편 채 서 있는 시간 측정

[참고] 검사 방법 : 위 방법 이외에도 여러 학자에 의해 많은 방법으로 진행되고 있지만, 그 중의 가장 많이 사용되고 있는 방법이다.

② **국민체육 100의 체력 측정[3]**

  ㉠ 유아기(48~83개월) 측정 항목

체력 요소	요인	측정 항목
체격	신체 조성	신장(cm), 체중(kg), BMI(kg/㎡)
건강 체력	근력	상대 악력(%)
	근지구력	윗몸 말아 올리기(회)
	심폐지구력	왕복 오래달리기 10m(회)
	유연성	앉아 윗몸 앞으로 굽히기(cm)

---

1) 22-08 운동발달의 검사와 평가 방법에 대한 설명으로 틀린 것을 찾는 유형
2) 21-09 20-04 18-02 유아 체력 검사 방법으로 틀린 것을 찾는 유형
   16-12 유아의 체력 요소와 측정 방법이 바르게 연결된 것을 찾는 유형
3) 24-17 국민체력 100의 유아기 체력 측정에 대해 3가지를 보기로 제시하고, 옳은 것을 모두 고른 것을 찾는 유형

	민첩성	5m 4회 왕복달리기(초)
운동 체력	순발력	제자리멀리뛰기(cm)
	협응력	3X3 버튼 누르기(초)

[참고] **국민체력 100** : 국민체육진흥공단이 국민의 체력 및 건강 증진에 목적을 두고 체력 상태를 과학적 방법으로 측정·평가하여 운동 상담과 처방을 해주는 무상 스포츠 복지 서비스이다. 유아기, 유소년기, 청소년기, 성년기, 노인기로 구분되어 운영되고 있다.

ⓒ 유소년기(11~12세) 측정 항목

체력 요소	요인	측정 항목
체격	신체 조성	허리둘레(cm), BMI(kg/m²), 허리둘레 신장비(WHtR)
건강 체력	근력	상대 악력(%)
	근지구력	윗몸 말아 올리기(회)
	심폐지구력	왕복 오래달리기 15m(회)
	유연성	앉아 윗몸 앞으로 굽히기(cm)
운동 체력	민첩성	반복 옆뛰기(회)
	순발력	제자리멀리뛰기(cm)
	협응력	눈-손 협응력(벽 패스)(회)

ⓒ 청소년기(13~18세)

체력 요소	요인	측정 항목
체격	신체 조성	신장(cm), 체중(kg), 체지방률(%), 허리둘레(cm), BMI(kg/m²)
건강 체력	근력	상대 악력(%)
	근지구력	윗몸 말아 올리기(회), 반복 점프(회)
	심폐지구력	왕복 오래달리기 20m(회), 트레드밀(VO²max), 스텝 검사(VO²max)
	유연성	앉아 윗몸 앞으로 굽히기(cm)
운동 체력	민첩성	일리노이(초)
	순발력	체공시간(초)
	협응력	눈-손 협응력(T-wall)(초)

사. 유아 운동 계획과 실행
1) 유아 운동 계획
① 유아 운동 계획 고려 사항
  ㉠ 연령에 따른 발달의 차이와 개인차 고려
  ㉡ 신체적·정서적·사회적·인지적 발달이 균형 있게 이루어질 수 있는 내용 구성
  ㉢ 적절한 시간 배분
  ㉣ 팀과 개인을 위한 놀이가 적절한 구성
  ㉤ 소외된 유아에 대한 배려
  ㉥ 활동적이고 흥미로운 놀이로 구성
  ㉦ 창의력 발달을 위한 프로그램 구성
  ㉧ 안전의 고려
  ㉨ 평가와 피드백

② 유아 운동 계획의 영역별 목표[1]
  ㉠ 정서적 영역
    • 유아가 자신을 느끼는 방법을 강화한다.
    • 긍정적인 자아개념과 자기 존중을 개발한다.
    • 자신 있게 독립적·활동적으로 배우도록 자기 동기화를 개발한다.
    • 유아의 사회적 기술을 개발한다.
    • 나누고 협력하고 바꿔보는 것을 학습한다.
    • 안전하게 놀고 친절하게 말하는 것을 학습한다.
  ㉡ 인지적 영역
    • 의사소통하는 방법을 학습하여 협동 기술을 습득시킨다.
    • 기본 규칙과 게임 놀이를 학습한다.
    • 지시에 따르는 것을 학습한다.
    • 사물, 색, 모양을 인식하는 것을 학습한다.
    • 몸에 대해 학습한다(몸의 부분을 안다).
    • 운동(움직임)의 개념을 안다.
    • 작용(시간, 강도, 속도, 공간)
    • 모양(형태)
    • 관계(몸 부분 간 관계, 사물과 아이들 간의 관계 : 앞, 뒤, 옆, 위, 아래)
  ㉢ 신체적 영역
    • 아직 형성되지 않은 운동 기술에 대한 학습
    • 이동 기술 학습(걷기, 달리기, 뛰기, 질주하기, 제자리 뛰기, 가볍게 뛰기, 뛰어넘기)
    • 비디오에 기술의 학습(밸런스, 돌리기, 흔들기, 펴기, 높이기, 낮추기, 구부리기, 돌기)
    • 사물을 조절하는 방법에 대한 학습(던지기, 잡기, 차기, 치기, 튀기기)
    • 안정성 학습(정적인 면과 동적인 면의 균형)
    • 기본 운동 기술 학습
    • 건강 관련 신체 요소의 점검과 개발
    • 심폐지구력 개발
    • 유연성의 개발
    • 근력과 근지구력 개발
    • 신체 구성 점검

2) 유아 운동 실행
① 유아 운동 실행 지침[2]
  ㉠ 달성할 수 있는 목표를 설정한다.
  ㉡ 실제 신체활동 참여 시간을 늘린다.
  ㉢ 일상생활과 관련된 내용을 프로그램에 포함한다.
  ㉣ 기초운동 기술 발달에 중점을 둔다.
② 유아 운동 실행 절차

❶ 도입 단계 → ❷ 준비 단계 → ❸ 실행 단계 → ❹ 정리 단계

---

1) **17-09** 유아체육 프로그램의 인지적 목표에 해당하는 것을 찾는 유형
2) **17-10** 유아체육 프로그램의 운영 지침에 대한 설명으로 옳은 것을 찾는 유형

③ 실행 단계별 내용
　㉠ 도입 단계
　　• 주요 내용 : 운동 목표를 제시하고, 운동영역 및 교구 등에 대한 설명과 참여 방법 설명
　　• 활동 내용

구분	지도자	유아
내용	• 운동영역 및 목표 설명 • 유아의 생각 반영 • 참관 및 참여 시 주의 사항 제시	• 설명 청취 • 운동영역에 대한 자기 생각 표현

　　• 중점 사항 : 유아의 생각을 반영하고, 질서 유지와 안전사고에 대해 대비해야 한다.
　㉡ 준비 단계
　　• 주요 내용 : 준비운동과 기초체력
　　• 활동 내용

구분	지도자	유아
내용	• 신체 이상 유무 확인 • 주운동에 적합한 체조	• 신체 이상자의 확인 • 준비운동, 기초체력 운동

　　• 중점 사항 : 신체의 이상 유무 확인
　㉢ 실행 단계
　　• 주요 내용 : 영역별 운동
　　• 활동 내용

구분	지도자	유아
내용	• 질서와 흥미 유도를 위한 분위기 조성 • 능동적 운동 지도 • 잘못된 동작은 교정이나 주의인지	• 영역별 목표에 대한 능동적 참여 • 영역별 운동 목표에 대한 인식

　　• 중점 사항 : 개인차를 고려하고, 자세를 바르지 못하면 이를 교정하며, 전습법과 분습법으로 시행한다.
　　　[참고] 전습법과 분습법
　　　　① 전습법 : 운동 과제를 처음부터 전체적으로 일괄해서 반복 연습하는 방법
　　　　② 분습법 : 운동 과제를 단위별로 나누어 연습한 후에 전체를 결합하는 방법
　㉣ 정리 단계
　　• 주요 내용 : 정리운동과 차시 예고
　　• 활동 내용

구분	지도자	유아
내용	• 사용 근육과 부위의 안전상태 회복 • 건강과 안전에 대한 생활 교육 • 차시 예고	• 정리운동 • 운동에 대한 회상 • 기본 생활에 실천

　　• 중점 사항 : 운동에 따른 상해 여부 확인

3. 유아기와 유소년기의 신체활동

가. 유아기 신체활동

1) 유아기의 권장 신체활동

범주	만 2세 미만	만 2세	만 3~5세
감각과 신체 인식	-감각적 자극에 반응하기 -감각기관으로 탐색하기 -신체 탐색하기	-감각 능력 기르기 -감각기관 활용하기 -신체 인식 움직이기	-감각 능력 기르기 -감각기관 활용하기 -신체 인식 움직이기
신체 조절과 기본 운동	-대근육 조절하기 -소근육 조절하기 -협응력 기르기 -균형감 기르기 -이동운동 시도하기 -비이동 운동 시도하기	-신체 조절력 기르기 -신체 균형감 기르기 -이동 운동하기 -비이동 운동하기 -조작 운동하기	-신체 조절력과 균형감 기르기 -이동 운동하기 -비이동 운동하기 -조작 운동하기 -움직임 요소 인식하고 움직이기
신체활동 참여	-몸 움직임 즐기기 -기구 이용 신체활동 시도하기	-신체활동에 참여 -기구 이용 신체활동 -안전하게 신체활동	-자발적 신체활동 참여 -기구 이용 신체활동 -안전하게 신체활동

2) WHO와 미국의 유아기 신체활동 가이드라인

① WHO(세계보건기구) 유아 건강 가이드라인[1]
  ㉠ 운동시간 : 하루 3시간 이상의 신체운동과 10시간 이상의 수면
  ㉡ 유산소성 활동 : 매일 하루 60분 이상의 중·고강도 유산소성 활동을 해야 하며, 특히 일주일에 최소 3일 고강도 활동 포함
  ㉢ 근력과 뼈 강화 활동 : 하루 60분 이상 신체활동 중 일부분은 근력 강화 활동과 뼈 강화 활동을 각각 최소 1주일에 3일 이상 실시
  ㉣ 지속적 신체활동 : 유아의 나이에 맞게 흥미롭고, 다양하게 포함해야 유아들의 지속적 신체활동이 가능하다.

> **요점** WHO 유아 건강 가이드라인
> 1) 1일 3시간 이상 운동과 10시간 이상 수면
> 2) 1일 60분 이상 중·고강도 유산소성 운동
> 3) 근력 강화와 뼈 활동 강화 운동을 1주일에 3일 이상 실시
> 4) 나이에 적합한 흥미롭게 다양한 운동

② 미국 질병통제예방센터(CDC) 유아기 신체활동 가이드라인[2]
  ㉠ 미취학 아동에게 성장과 발달을 위해 일정 시간 이상의 신체활동을 장려해야 한다.
  ㉡ 매일 60분 이상의 중강도 신체활동을 장려해야 한다. (예: 빠르게 걷기, 자전거 타기, 춤추기 등)
  ㉢ 나이에 적합하며 즐겁고, 다양한 신체활동에 참여할 기회와 격려가 권장된다.
  용어 CDC : Centers for Disease Control and Prevention의 약어로, 미국 질병통제예방센터이다. 우리나라의 질병관리청에 해당한다.

---

1) `18-18` WHO 권장 유아의 신체활동 가이드라인에 대한 설명으로 옳은 것을 찾는 유형
2) `23-17` 미국 CDC 유아기 신체활동 권장 사항에 관한 설명으로 틀린 것을 찾는 유형으로, '제한적 활동의 소근육 위주 놀이 장려'가 오답 찾기의 정답이다.

나. 유소년기 신체활동

1) 유소년기 신체활동 권장 사항

① 국립중앙의료원 유소년기의 신체활동 권장[1)]
  ㉠ 개요 : 국립중앙의료원(2010)이 전 연령을 대상으로 한 신체활동 가이드라인을 제시하였다.
  ㉡ 아동과 청소년 신체활동 권장 사항 : 대근육을 오래 사용하는 유산소운동과 팔굽혀 펴기, 윗몸 일으키기, 역기 들기, 아령, 철봉, 평행봉, 암벽 타기 등의 근육 강화 운동, 발바닥에 충격이 가해 지는 줄넘기, 점프, 달리기, 농구, 배구, 테니스 등의 뼈 강화 운동을 일주일에 3일 이상, 1회 운 동 시 1시간 이상 해야 하며, 인터넷, 텔레비전이나 비디오 시청, 게임 등 앉아서 보내는 시간은 하루 2시간 이내로 제한해야 한다.

② 교육인적자원부의 청소년기 신체활동 가이드라인
  ㉠ 개요 : 2017년 개편 초등학교 5~6학년 교과서에 수록된 아동·청소년기의 신체활동 가이드라인
  ㉡ 건강 체력
   • 근력, 근지구력 : 주 3회 이상, 동작 횟수는 서서히 증진하며, 밴드 사용 시 길이를 점점 짧게 하고, 물건 드는 운동은 무게를 조금씩 늘린다.
   • 유연성 운동 : 일 1~2회, 근육을 당겨짐이 약간 느껴질 정도로, 신전 상태에서 처음 6초, 점진 적으로 시간을 늘려 15~30초 유지
   • 심폐지구력 : 주 3회, 숨이 약간 찰 정도로, 1회 운동 시 20~30분 이상 실시
  ㉢ 운동 체력
   • 순발력 : 장애물을 활용하면 높이나 간격을 조금씩 늘리고, 정해진 시간 안 목표 횟수 늘리기
   • 민첩성 : 정해진 시간 안 목표 횟수 늘리고, 목표 횟수 달성 소요 시간 줄이기
   • 협응력 : 눈·발 협응(공차기)-골대와 공 사이 거리 늘리고, 눈·손 협응(셔틀콕 주고받기, 저 글링)-상대와의 거리 늘리거나, 공의 개수 늘리기

③ WHO(세계보건기구) 유아·청소년기 신체활동 가이드라인[2)]
  ㉠ 만 1세 이전 : 움직임 등 가벼운 신체활동을 권장한다.
  ㉡ 만 1~2세 : 1일 60분 이상의 저·중강도 신체활동을 권장한다.
  ㉢ 만 3~4세 : 1일 60분 이상의 중·고강도 신체활동을 포함하여 180분 이상의 신체활동을 권장한다.
  ㉣ 만 5~17세 : 최소 주 3회 이상의 고강도 근력 운동을 포함한 하루 60분 이상의 중·고강도 신 체활동을 권장한다.

④ <u>미국스포츠체육교육협회의 신체활동 지도 지침</u>[3)]
  ㉠ 1일 최소 60분 정도의 계획된 신체활동
  ㉡ 자는 시간 빼고 60분 이상 계속 앉거나, 누워있는 것을 피해야 한다.
  ㉢ 안전한 실내외의 대근육 운동
  ㉣ 블록쌓기 등 복잡한 작업이 필요한 운동 기술 발달
  ㉤ 신체활동에 대한 중요성을 인식하고 유아의 운동 기술을 쉽게 해야 한다.
  [참고] 미국스포츠체육교육협회 : NASPE, The National Association for Sport and Physical Education

2) 유소년기 자기개념의 발달

① 자기개념(self-concept)의 의미
  ㉠ 자신의 가치를 평가하는 것으로, 스스로에 대해 생각하고 정의하는 활동
  ㉡ 목표를 위해 충동적 욕구를 자제하며, 자기 자신을 사랑하는 감정

---

1) [22-09] 국립중앙의료원 제시 어린이·청소년 신체활동 권장 사항이 아닌 것을 찾는 유형
2) [21-14] WHO 권장한 유아·청소년기 신체활동 지침으로 옳은 것을 찾는 유형
3) [20-02] NASPE의 신체활동 지도 지침으로 틀린 것을 찾는 유형

② 유소년기 자기개념 의미 : 성장 과정에서 중요한 부분임을 인식하고, 지원하여 건전한 삶을 영위할 수 있도록 한다.
③ 유소년기 자기개념 발달을 위한 지원 사항[1]
  ㉠ 자신들의 한계 내에서 합리적 목표를 세울 수 있도록 도와준다.
  ㉡ 용기를 갖게 하며, 건전한 자아의식을 갖추도록 한다.

4. 누리과정과 초등학교 체육과 교육과정

가. 누리과정
1) 누리과정의 이해
① 누리과정의 개념
  ㉠ 누리과정은 정부가 주도하여 유아를 대상으로 하는 우리나라의 대표적 교육과정이다.
  ㉡ '영유아보육법' 제29조에 의한 '3~5세 나이별 누리과정'과 '유아교육법' 제13조 2항에 의한 '유치원 교육과정'이 2020년 고시를 통해 누리과정으로 개정되었다.
  ㉢ 신체운동·건강, 의사소통, 사회관계, 예술 경험, 자연 탐구의 5개 영역을 중심으로 구성한다.
② 누리과정의 성격
  ㉠ 국가 수준의 공통성과 지역, 기관이나 개인 수준의 다양성을 동시에 추구한다.
  ㉡ 유아의 전인적 발달과 행복을 추구하며,
  ㉢ 유아 중심과 놀이 중심을 추구한다.
  ㉣ 유아의 자율성과 창의성 신장을 추구한다.
  ㉤ 유아, 교사, 원장(감), 학부모와 지역사회가 함께 실현해 가는 것을 추구한다.
③ 누리과정의 목적 : 유아가 놀이를 통해 심신의 건강과 조화로운 발달을 이루고 바른 인성과 민주 시민의 기초를 형성하는 데에 있다.
④ 누리과정에서 추구하는 인간상 : 건강한 사람, 자주적인 사람, 창의적인 사람, 감성이 풍부한 사람, 더불어 사는 사람
⑤ 누리과정의 목표[2]
  ㉠ 자신의 소중함을 알고, 건강하고 안전한 생활 습관을 기른다.
  ㉡ 자기 일을 스스로 해결하는 기초능력을 기른다.
  ㉢ 호기심과 탐구심을 가지고 상상력과 창의력을 기른다.
  ㉣ 일상에서 아름다움을 느끼고 문화적 감수성을 기른다.
  ㉤ 사람과 자연을 존중하고 배려하며 소통하는 태도를 기른다.
⑥ 누리과정 구성의 중점 사항
  ㉠ 3~5세 모든 유아에게 적용할 수 있도록 구성한다.
  ㉡ 추구하는 인간상 구현을 위한 지식, 기능, 태도 및 가치를 반영하여 구성한다.
  ㉢ 3~5세 유아가 경험해야 할 내용으로 구성한다.
  ㉣ 0~2세 보육 과정 및 초등학교 교육과정과의 연계성을 고려하여 구성한다.

---

1) **23-06** 유소년기 자기개념 발달을 위한 설명을 보기에서 모두 고른 것을 찾는 유형으로, '자신들의 한계 내에서 합리적 목표를 세울 수 있도록 도와주고, 용기를 갖게 하며, 건전한 자아의식 함양'을 고른 것이 정답이다.
2) **19-01** 누리과정의 목표가 아닌 것을 찾는 유형
18-17 누리과정의 3세 유아의 신체 조절 능력을 향상 프로그램으로 틀린 것을 찾는 유형으로 출제되었는데, 2020년 누리과정이 개정되어 문제로서의 의미를 상실하였다.

2) 누리과정 운영

① 누리과정의 편성과 운영
- ㉠ 1일 4~5시간을 기준으로 편성한다.
- ㉡ 일과 운영에 따라 확장하여 편성할 수 있다.
- ㉢ 누리과정을 바탕으로 각 기관의 실정에 적합한 계획을 수립하여 운영한다.
- ㉣ 일과에서 바깥 놀이를 포함하여 유아 놀이가 충분하도록 편성하여 운영한다.
- ㉤ 성, 신체적 특성, 장애, 종교, 가족 및 문화적 배경 등의 차별이 없도록 운영한다.
- ㉥ 유아의 발달과 장애 정도에 따라 조정하여 운영한다.
- ㉦ 가정과 지역사회와의 협력과 참여에 기반하여 운영한다.
- ㉧ 교사 연수를 통해 누리과정의 운영이 개선되도록 한다.

② 교수의 학습 지원
- ㉠ 유아가 흥미와 관심에 따라 놀이에 자유롭게 참여하고 즐기도록 한다.
- ㉡ 유아가 놀이를 통해 배우도록 한다.
- ㉢ 유아가 다양한 놀이와 활동을 경험할 수 있도록 실내외 환경을 구성한다.
- ㉣ 유아와 유아, 유아와 교사, 유아와 환경 간에 능동적인 상호작용이 이루어지도록 한다.
- ㉤ 5개 영역의 내용이 통합적으로 유아의 경험과 연계되도록 한다.
- ㉥ 개별 유아의 요구에 따라 휴식과 일상생활이 원활히 이루어지도록 한다.
- ㉦ 유아의 연령, 발달, 장애, 배경 등을 고려하여 특성에 적합한 방식으로 배우도록 한다.

③ 평가
- ㉠ 누리과정 운영의 질을 진단하고 개선하기 위해 평가를 계획하고, 실시한다.
- ㉡ 유아의 특성 및 변화 정도와 누리과정의 운영을 평가한다.
- ㉢ 평가의 목적에 따라 적합한 방법을 사용하여 평가한다.
- ㉣ 평가 결과는 유아에 대한 이해와 누리과정 운영 개선을 위한 자료로 활용할 수 있다.

3) 누리과정의 신체활동·건강 영역

① 신체활동·건강 영역의 목표[1]
- ㉠ 신체활동에 즐겁게 참여한다.
- ㉡ 건강한 생활 습관을 기른다.
- ㉢ 안전한 생활 습관을 기른다.

② 신체활동 즐기기
- ㉠ 신체를 인식하고 움직인다.
- ㉡ 신체 움직임을 조절한다.
- ㉢ 기초적인 이동운동, 제자리 운동, 도구를 이용한 운동을 한다.
- ㉣ 실내외 신체활동에 자발적으로 참여한다.

③ 건강하게 생활하기
- ㉠ 자기 몸과 주변을 깨끗이 한다.
- ㉡ 몸에 좋은 음식에 관심을 가지고 바른 태도로 즐겁게 먹는다.
- ㉢ 일과에서 적당한 휴식을 취한다.
- ㉣ 질병을 예방하는 방법을 알고 실천한다.

---

[1] `21-20` `20-19` 누리과정의 신체운동·건강 영역의 내용이 아닌 것을 찾는 유형
`16-04` 누리과정의 지도 원리에서 신체운동·건강 영역의 내용 범주가 아닌 것을 찾는 유형으로 출제되었는데, 2020년 누리과정이 개정되어 문제로서의 의미를 상실하였다.

④ 안전하게 생활하기
  ㉠ 일상에서 안전하게 놀이하고 생활한다.
  ㉡ TV, 컴퓨터, 스마트폰 등을 바르게 사용한다.
  ㉢ 교통안전 규칙을 지킨다.
  ㉣ 안전사고, 화재, 재난, 학대, 유괴 등에 대처하는 방법을 경험한다.

나. 초등학교 체육과 교육과정
1) 체육과 교육과정의 이해
① 체육과 교육과정의 개념
  ㉠ 교육부가 초등학교의 체육수업 교육과정을 설정한 것이다.
  ㉡ 2022년에 개정되어 현재 적용되고 있다.
② 체육과 교육과정의 핵심 역량[1]
  ㉠ 움직임 수행 역량 : 운동, 스포츠, 표현 활동 과정에서 동작에 필요한 지식, 기능, 태도를 다양한 상황에 적용하며 발달한다.
  ㉡ 건강관리 역량 : 체육과 내용 영역에서 학습한 신체활동을 일상생활에서 실천하며 함양한다.
  ㉢ 신체활동 문화 향유 역량 : 각 신체활동 형식의 특징을 이해하고 인류가 축적한 문화적 소양을 내면화하여 공동체 속에서 실천하면서 길러진다.

---

1) **24-11** 초등학교 체육과 교육과정의 핵심 역량이 아닌 것을 찾는 유형으로, 핵심 역량은 1) 움직임 수행 역량 2) 건강관리 역량 3) 신체활동 문화 향유 역량 등이다. 이에 해당하지 않는 자기 주도성 역량은 오답 찾기의 정답이다.

제3장 유아체육 교수 학습법

1. 유아체육의 지도

가. 유아체육 지도 방법

1) 유아체육의 지도 원리와 원칙

① 유아체육의 지도 원리[1]

구분	내용
놀이 중심의 원리	유아의 흥미를 고려하여 지속할 수 있는 다양한 도구를 활용
생활 중심의 원리	일상생활에서 신체활동을 바탕으로 체험을 통해 유아 체육활동
개별화의 원리	유아의 운동 능력 수준이나 경험 수준을 고려하여 운동 능력과 발달 속도에 맞추도록 해야 한다.
탐구학습의 원리	자기 신체에 대한 움직임 기본적 개념을 탐색하여 탐구·발견을 학습한다.
반복 학습의 원리	안정, 이동, 조작 운동의 3가지 기초운동의 반복 학습
융통성의 원리	신체활동 과정에서 유아의 체력과 흥미, 활동 시간을 고려하여 자신이 시간을 결정하도록 융통성 부여
통합의 원리	기초운동 기술, 신체운동 능력, 지각운동 능력의 통합적 발달이 이루어지도록 하며, 과거 경험, 현재 흥미의 고려는 물론 다양한 문화적 경험을 할 수 있도록 한다.

② 유아체육 지도의 일반 원칙

구분	내용
가정과 긴밀한 연락	서로 연락하여 보조를 함께하면 교육 효과가 증대된다.
발달단계에 적합한 지도	유아의 발달 성장에 맞는 운동을 시키는 것이 효과적이다.
다른 영역과 관련	신체적·정신적·사회적 영역에서 단원에 맞게 프로그램 구성
창의성 촉진	여러 가지 형태나 양식을 결합하여 스스로 상상력과 창의력을 기르도록 한다.
건강관리	개인차에 따라 운동 부하를 가감하여 적합하게 지도한다.

③ 유아체육 지도 고려 사항 : 구체성, 개별화, 자발성, 다양성 및 융통성, 탐구학습, 흥미, 통합성 등

2) 유아체육의 수업 진행

① 유아체육의 수업 진행 유의 사항
  ㉠ 안전사고에 대한 예방법과 발생 시 대비 방법 마련
  ㉡ 유아의 발달 수준을 고려하여 단계적 체육활동이 이루어지도록 계획하고 진행
  ㉢ 유아의 흥미와 능력에 맞는 활동을 선택할 수 있도록 자료와 교구의 다양한 제공
  ㉣ 유아의 개인적 차별에 대해 이해하고, 이에 적합하도록 지도
  ㉤ 체육활동에 집중할 수 있도록 최대한 노력하고, 반드시 정리운동을 시행
  ㉥ 활동 후 정리·정돈 습관을 길러주도록 지도
  ㉦ 얼굴, 손과 발을 씻어 개인위생에 유의하도록 지도

---

1) [19-10] 통합의 원리 내용을 보기로 제시하고, 무슨 원리에 해당하는지 묻는 유형
   [18-20] [15-17] 유아체육의 지도 원리에 대한 설명으로 틀린 것을 찾는 유형

② 효과적 지도 방법[1]
　㉠ 개인별로 능력을 고려한 학습 과제의 지도
　㉡ 적합한 수준에서 공부할 수 있도록 개별화된 학습경험 제공
　㉢ 실제 학습 시간(ALT)을 증가시킬 수 있는 환경 조성
　㉣ 연습 시간을 최대한 확보해 준다.
　[용어] ATL : academic learning time
③ 실제 학습 시간(ATL) 증가 방법[2]
　㉠ 설명은 간결하고 명확하게 한다.
　㉡ 주의집중을 위해 상호 간에 약속된 신호를 만든다.
　㉢ 수업 시작 전 교구를 효율적으로 배치한다.
④ 동작 표현력 향상 지도 방법[3]
　㉠ 리듬적 접근방법 : 음악과 함께 동작을 표현하는 방법
　㉡ 신체적 접근방법 : 안정성 운동, 이동운동 및 조작 등으로 표현하는 방법
　㉢ 통합적 접근방법 : 감각과 지각을 통합하여 표현하는 방법

나. 유아체육의 교수 방법

1) 직접-교사 주도적 교수 방법
① 직접-교사 주도적 교수 방법의 개념
　㉠ 전통적 교수 방법
　㉡ 유아가 무엇을, 언제, 어떻게 할 것인지 등을 교사가 모두 결정한다.
　㉢ 전체 학습자가 동시에 학습해야 할 기술에 대한 이해나 연습에 효과적이다.
② 직접-교사 주도적 교수 방법의 구분[4]

구분	내용
지시형 지도 방법	시범 보이기, 연습해 보기, 유아의 활동에 대한 평가는 물론 필요한 경우 보충설명과 시범을 다시 보이기 순으로 진행한다.
과제 제시형 지도 방법	어느 정도의 의사결정을 유아에게 허용하는 것으로, 실행 순서는 여러 가지 다른 수준이 있음을 설명하고 시범 보이기, 유아 자신의 수준에 따라 선택한 과제 연습하기, 과제를 마친 유아가 더 높은 수준의 다른 활동에 참여하도록 한다.

2) 간접-유아 주도적 교수 방법
① 간접-유아 주도적 교수 방법의 개념
　㉠ 학습 과정의 중심은 유아이며, 유아가 주도적으로 실행하는 데 초점을 맞춘다.
　㉡ 실험, 문제해결, 자기 발견을 통하여 배우는 방법을 강조한다.
　㉢ 체육활동이나 운동을 선택하는 기회를 유아에게 제공하며, 운동기구 및 소도구를 자유롭게 이용하게 한다.
　㉣ 유아 개개인의 능력이나 흥미의 개인차를 인정하고, 취향에 따라 운동을 선택하게 하며, 유아 스스로 독창성을 발휘하여 자기 발견을 학습하게 한다.

---

1) [24-01] 효과적 지도 방법이 아닌 것을 찾는 유형으로, '새로운 기능 학습 시에는 수업 초반에 제시한 과제 수준을 일관되게 유지한다.'가 오답 찾기의 정답이다.
2) [20-06] [16-01] 유아의 학습 시간 증가 방법으로 틀린 것을 찾는 유형
3) [16-03] 동작 교수법이 아닌 것을 찾는 유형으로, 획일적 접근방법이 오답 찾기의 정답이다.
4) [24-12] 교수 방법을 보기로 제시하고 바르게 설명된 것을 찾는 유형 (※ 간접-유아 주도적 교수 방법에 중복)
　[20-14] 유아체육 지도 방법에 대한 설명으로 바르게 연결된 것을 찾는 유형
　[17-11] 직접-교사 주도적 교수 방법에 관한 설명으로 틀린 것을 찾는 유형

② 간접-유아 주도적 교수 방법의 구분[1]

구분	내용
탐구적 지도 방법	• 교사가 활동 과제에 대한 해결책을 요구하지 않고 유아가 적합하다고 생각하는 활동 과제와 해결 방법을 인정하고 받아들인다. • 학습의 결과보다 과정에 중점을 둔다. 유아들은 구체적 동작을 경험할 수 있도록 교사는 또래의 활동을 관찰할 기회를 제공하는 것이다.
안내-발견적 지도 방법	• 유아에게 표현, 창의성 및 실험 기회를 제공하지만, 제시된 활동 과제에 유아가 반응하는 방법은 다소 제한적이다. • 유아는 또래나 교사의 동작을 관찰함으로써 특별한 과제를 수행하는 방법을 이해한다.

3) 유아-교수 상호 주도적 교수 방법[2]
    ㉠ 유아에게 적절한 과제를 부여하고, 이를 지도한 후 연습하게 한다.
    ㉡ 계획적이고, 체계적인 교수법으로 지도할 때 운동기능이 효과적으로 증진될 수 있다.

> **요점** 유아체육의 교수 방법
> 1) 교사 주도적 지도 방법 : 지시형·과제 제시형 지도 방법
> 2) 유아 주도적 지도 방법 : 탐구적·안내-발견적 지도 방법
> 3) 유아-교수 상호 주도적 지도 방법

다. 지도자의 지도 기술과 역할
1) 일반적 지도 기술[3]
① 목표 달성과 동기부여
    ㉠ 지도자의 계획으로 시행하기 때문에 반드시 목표를 설정해야 한다.
    ㉡ 유아들에게 흥미롭게 적극적인 자세로 활동할 수 있는 동기를 부여해야 한다.
② 의욕적 지도
    ㉠ 새로운 것 또는 어렵다고 느낄 때는 적극성을 띠지 않는다.
    ㉡ 유아의 심리적 특성을 고려하여 흥미와 의욕을 높이도록 한다.
③ 변화가 있는 지도
    ㉠ 놀이의 상대를 바꿔 가면서 진행한다.
    ㉡ 수업 방법에 변화를 준다.
    ㉢ 복합적·연속적인 운동을 한다.
    ㉣ 유아의 요구에 응하면서 한편으로 즐거운 체육이 되도록 지도한다.
④ 심리적 특성을 고려한 지도[4]
    ㉠ 차례를 오래 기다리지 않도록 해야 한다.
    ㉡ 정적 운동이 집중되지 않도록 하고, 단순 운동을 지속 반복하지 않도록 해야 한다.

---

1) **24-12** 교수 방법을 보기로 제시하고 바르게 설명된 것을 찾는 유형 (※ 직접-교수 주도적 교수 방법에 중복)
    23-15 운동프로그램의 원리와 교수 방법에 대한 설명의 일부를 ( )로 비워놓고, 옳은 것 2가지를 고르는 복합적 유형으로, 교수 방법은 유아 스스로 실험과 문제해결, 자기 발견을 통해 학습하는 것을 설명하며, 정답은 탐색적 접근 방법이다.
    22-18 탐구적 지도 방법에 대한 설명이 바르게 된 것을 찾는 유형
2) **19-16** 상호 주도적 교수 방법 내용을 보기로 제시하고 무슨 교수 방법인지 묻는 유형
    15-14 유아-교사 상호 주도적 교수 방법의 설명으로 옳은 것을 찾는 유형
3) **21-18** **20-01** 유아 대상 운동 지도 방법으로 틀린 것을 찾는 유형
    19-04 유아체육 지도자의 역할로 틀린 것을 찾는 유형으로, 승리 지상주의 지도 방법은 오답 찾기의 정답이다.
4) **19-18** 유아의 심리적 특성을 이용한 지도 방법으로 틀린 것을 찾는 유형

ⓒ 상호 간에 지나친 경쟁을 유도하지 않는다.
ⓓ 개인적인 차이가 있으므로 적절하게 자극을 부여한다.
ⓔ 규칙과 약속을 잘 지킬 수 있도록 한다.

⑤ 개인차를 고려한 지도[1]
ⓐ 외형적으로나 정신적으로 유아들은 서로 다르고, 개인차가 존재한다.
ⓑ 개인차는 지능, 적성, 흥미, 가치관, 남녀의 차이, 연령의 차이, 동족, 사회단계 등에 따라 다르게 나타난다.
ⓒ 운동 능력은 근력, 지구력, 유연성, 순발력, 평형성 등 운동적성 전반에 걸쳐 개인 간 차이가 있다.
ⓓ 획일적이고 편협한 지도보다는 개인의 능력에 맞춰 지도하는 것이 유아들의 성장에 도움을 준다.

⑥ 흥미와 안전을 고려한 지도[2]
ⓐ 흥미를 잃지 않도록 창의적이고 융통성 있는 수업으로 진행
ⓑ 시설이나 기구는 미사용 시 보호막을 쳐서 안전사고 예방
ⓒ 유아의 개인차를 고려
ⓓ 프로그램에 자발적으로 참여할 수 있게 유도
ⓔ 운동기구 사용법에 대한 사전교육으로 숙지 후 시행
ⓕ 사용 기구는 직접 정리하도록 지도

[참고] 흥미를 잃지 않도록 하는 방법 : 음악이나 도구 등을 활용하고, 싫증을 느끼지 않도록 다양한 프로그램으로 구성해야 한다.

⑦ 정확한 시범[3]
ⓐ 말로 하는 것보다 교사의 직접 행동으로 시범을 보이면 이해가 빠르다.
ⓑ 유아들은 모방성이 강하기 때문에 바로 흉내 내면서 정확한 동작을 이루어 낼 수 있다.
ⓒ 정확한 동작을 보여주며, 추가적 단서를 함께 제공하면 효과적이다.
ⓓ 어렵거나 실수가 많은 동작은 반복적으로 제공한다.

2) 유아체육 지도자의 역할과 자질

① 유아체육 지도자의 역할[4]
ⓐ 구체적 동작을 위한 지도하거나, 목표를 달성할 수 있도록 진행하는 지도자와 진행자 또는 보조자의 역할
ⓑ 유아 발달 수준에 따라 개별화 교수와 안전한 활동을 진행하는 교수자나 안내자 역할
ⓒ 유아가 자신의 느낌과 생각을 동작으로 표현하고, 신체의 잠재적 가능성을 발견할 수 있도록 하는 촉진자 역할
ⓓ 유아의 신체활동과 반응, 운동 능력 증진 등을 관찰하고 해석하는 관찰자와 해석자 역할
ⓔ 유아 사이에 다툼이 있으면 이를 해결하는 중재자 역할

② 유아체육 지도자의 자세[5]
ⓐ 열정을 갖고, 의욕적으로 지도한다.

---

1) [24-03] 유아체육 지도 시 효과적 방법으로 틀린 것을 찾는 유형으로, 개인별로 차이가 있음에도 '과제 수준을 동일하게 제공한다.'가 오답 찾기의 정답이다.
2) [17-08] 유아체육 지도 시 유아의 흥미를 고려한 지도 방법으로 옳은 것을 찾는 유형
3) [24-02] 시범에 관한 설명으로 틀린 것을 찾는 유형으로, '시범을 보일 때 언어적 표현을 많이 활용하는 것이 효과적이다.'가 오답 찾기의 정답이다.
4) [19-17] 3~4세 유아의 지도 중 통제가 어려울 때 지도자의 역할로 틀린 것을 찾는 유형으로, '경쟁심 유발을 강조하는 지도자'가 오답 찾기의 정답이다.
5) [18-11] [18-12] 유아체육 지도자의 자세로 틀린 것을 찾는 유형으로, '상과 벌을 함께 제공한다.'와 '흥미를 위해 경쟁적인 프로그램을 제공한다.'가 각각의 오답 찾기 정답이다.

ⓒ 개인에 관한 관심과 수행할 수 있는 운동 기술 수준에 맞는 프로그램을 제공한다.
ⓒ 과도한 경쟁의식을 갖지 않도록 지도한다.
ⓔ 무조건 칭찬이 아닌 노력과 연계된 격려를 제공하도록 해야 한다.

③ 유아체육 지도자에게 필요한 자질

구분	개인적 자질	전문적 자질
내용	• 신체적 · 정신적 건강 • 온정적 성품 • 인간과 생명에 대한 존엄성 • 성실하고 열정적인 태도	• 전문적 지식 • 교수 기술 • 올바른 교육관과 직업윤리

④ 지도자의 전문적 자질을 향상시키는 방법
  ㉠ 유소년 스포츠지도사 자격 취득
  ㉡ 아동의 안전사고에 대비하여 필요한 지식 습득
  ㉢ 열정과 의욕적 지도
  ㉣ 유아 등 수강자의 개인적 차이에 대한 이해

3) 유아체육 지도자의 유의 사항

① 일반 유의 사항
  ㉠ 유아가 자유로이 신체활동을 할 수 있도록 충분한 공간 제공
  ㉡ 일정한 장소를 정해주고 잘 인지할 수 있도록 표시
  ㉢ 안전 규칙을 미리 알려주어 활동이 안전하게 이루어지도록 해야 한다.
  ㉣ 유아 스스로 생각한 대로 표현할 수 있게 자발적이고 창의적이며 개별화 활동이 이루어지도록 한다.
  ㉤ 적극적으로 참여할 수 있도록 대기 시간을 최소화하고 유아들이 많이 움직일 수 있는 충분한 시간을 제공한다.
  ㉥ 안전이 우려되는 경우 일정한 방향이나 일정한 장소를 정해서 소집단활동이 이루어지도록 한다.

② 2~3세 유아의 체육 지도 유의 사항[1]
  ㉠ 성별의 차이는 고려하지 않는다.
  ㉡ 유아의 발육 발달 상태를 고려하고, 평가한다.
  ㉢ 유아가 놀이 방법을 인지하도록 해야 한다.

③ 실내 놀이의 지도자 유의 사항
  ㉠ 넓은 공간을 확보하거나, 불가능할 경우 소그룹 활동으로 진행한다.
  ㉡ 안전 매트나 보호대 등 안전과 관련된 일을 수시로 점검한다.
  ㉢ 바닥에 장애물, 장난감 등을 제거한다.
  ㉣ 체육 기구를 수시 점검하고 하자가 있으면 즉시 보수한다.
  ㉤ 수분 보충을 위한 식수대를 설치한다.

④ 실외 놀이의 지도자 유의 사항
  ㉠ 안전거리를 유지하고 안전선을 이해시킨다.
  ㉡ 유아의 신체 상태와 신체 이동성을 이해시킨다.
  ㉢ 높은 곳에서 뛰어내리지 않도록 한다.
  ㉣ 운동기구 타는 법을 이해시키고 보호구를 착용하도록 한다.(자전거, 인라인스케이트 등 활용 시)

---

[1] 18-08 2~3세 유아의 지도 유의 사항으로 틀린 것을 찾는 유형

2. 유아 운동프로그램

가. 유아 운동프로그램의 개요

1) 유아 운동프로그램의 계획

① 유아 운동프로그램의 목표[1]
  ㉠ 다양한 신체활동을 통해 기본 운동 기술의 이해와 습득
  ㉡ 자신의 감정을 정확하게 표현할 기회의 제공
  ㉢ 지각과 동작 간의 협응 과정을 통해 지각운동 기술의 발전

② 유아 운동프로그램의 구성 유의 사항[2]
  ㉠ 체력과 연령, 운동발달 수준을 고려해야 한다.
  ㉡ 신체적 협응력 향상을 고려해야 한다.
  ㉢ 주 3~4회의 운동이 적합하다.
  ㉣ 운동기능의 향상을 위해 점진적 방법을 적용한다.
  ㉤ 장시간의 고강도 운동을 지양한다.
  ㉥ 유아기에는 성별 차이가 없으므로 분리하지 않는다.

2) 주기별 운동프로그램 계획

① 일간 운동프로그램 계획
  ㉠ 준비운동 : 보조운동과 음악 체조 내용 삽입
  ㉡ 주운동 : 나이별 도구 이용, 수업방식을 명확히 구분하고, 게임의 방법, 효과, 주의할 점을 반드시 기재
  ㉢ 정리운동 : 간단한 짝 체조, 동작 놀이 과제를 부여하여 가정과 연계

② 월간 운동프로그램 계획
  ㉠ 계절에 적합한 프로그램 구성
    • 봄, 가을 : 나른해지기 쉬우므로 흥미 있는 게임
    • 여름 : 활동 범위가 적은 기구나 소도구 활동
    • 겨울 : 안전사고에 대비한 스트레칭이나 체조
    • 기타 : 계절, 기후, 환경을 고려한 적합한 프로그램으로 구성
  ㉡ 기타 사항
    • 연령과 난이도에 맞는 기구와 운동을 시행하여 다양한 경험을 제공
    • 보조운동은 준비운동과 정리운동에 적용할 수 있는 내용으로 구성
    • 게임 위주의 수업은 될 수 있으면 피하고 수업의 흥미를 높이는 방법을 수업 중간에 일부 가미
    • 환경과 상황에 따라 융통성 있게 계획안을 작성하고 적용

③ 연간 운동프로그램 계획
  ㉠ 주제 설정 : 유아체육의 주제는 도구 사용, 율동, 체조, 동작 놀이, 게임, 민속놀이, 계절 운동에 따라 여러 과정의 항목으로 나뉜다.
  ㉡ 다양한 경험 : 유아가 싫증 나지 않도록 무리한 목표 설정은 삼가고 쉽게 접근하고 흥미롭고 안전한 경험이 이루어질 수 있게 한다.
  ㉢ 연계수업 설정 : 유아가 초등학교 입학 후 자연스럽게 연결될 수 있게 대·소도구 활동, 신체 표현 놀이 등이 이루어질 수 있게 프로그램을 선택하도록 한다.

---

1) **17-12** 유아체육 프로그램 목표에 대한 설명으로 틀린 것을 찾는 유형
2) **21-13** **17-15** 유아 운동프로그램 구성 방법으로 틀린 것을 찾는 유형으로, '남아와 여아의 분리 운영'과 '장시간 고강도 운동' 등이 오답 찾기의 정답이다.
  15-13 유아 운동프로그램 구성 시 고려 사항이 아닌 것을 찾는 유형으로, '유아의 개인차보다 과제 수행을 우선한다.'라는 것이 오답 찾기의 정답이다.

나. 유아체육의 지도 환경

1) 유아체육의 지도 환경 조성

① 유아체육 지도를 위한 환경 조성[1]
  ㉠ 유아가 선호하는 다양한 교구 배치
  ㉡ 다양한 감각 자극을 제공할 수 있는 환경 조성
  ㉢ 유아가 자유롭게 몸을 움직일 수 있는 충분한 공간 확보
  ㉣ 적절한 교구 배치를 통해 효과적 지도가 가능한 환경 조성

② 유아체육 지도 환경 고려 사항[2]
  ㉠ 안전성 : 체육활동을 하기 위한 설비나 용구가 위험하지 않아야 한다. 벽, 바닥의 재질, 부드러운 마감재 등 안전성이 중요하다.
  ㉡ 경제성 : 사용 용기구의 견고함과 반영구적인 재료나 시공 시에 시간 및 비용 면에서 경제성을 고려한다.
  ㉢ 흥미성 : 호기심, 모험심 등을 표현할 수 있도록 환경 조성이 흥미롭고 적극적인 수업 태도로 이끌 수 있어야 한다.
  ㉣ 효율성 : 수업의 효율적 진행을 고려하여 장소의 음향 시설, 냉난방시설, 활동공간 등의 적합한 시설을 갖추어야 한다.

2) 실내·외 놀이기구와 운동기구

① 실내 놀이와 운동기구[3]
  ㉠ 실내 장소 : 교실, 강당, 체육관 등
  ㉡ 실내 활동의 효과적 수업 환경
    • 주의력이 분산되지 않도록 실내에 장난감을 고정 배치하지 않는다.
    • 벽과 바닥, 기둥과 모서리는 충격완화 장치를 설치한다.
    • 벽에 걸린 액자, 시계, 천장의 전등 등은 깨지거나, 떨어지지 않도록 고정하고 보호장비를 설치한다.
    • 사용 기구는 항상 정리·정돈해야 한다.
    • 사용하지 않는 기구는 별도 보관한다.
    • 장소가 지하이면 환기와 제습에 유의해야 한다.

② 실외 놀이와 운동기구
  ㉠ 고정식 놀이·운동기구 : 그네, 미끄럼틀, 철봉 등
  ㉡ 이동식 놀이·운동기구 : 뜀틀, 트램펄린, 자전거 등

③ 안전사고 예방 유의 사항
  ㉠ 운동기구 주변 바닥에 충격 흡수 목적의 재질을 깐다.(톱밥, 모래, 우레탄, 합성수지나 고무 등)
  ㉡ 놀이·운동기구의 부식이나 파손 등의 안전성을 점검해야 한다.

---

1) [21-19] [20-03] [18-10] 유아 체육수업 환경 조성에 대한 설명으로 틀린 것을 찾는 유형
2) [23-04] 유아체육 지도 환경 조성의 고려 사항 설명으로 틀린 것을 찾는 유형으로, 경제성에 대한 설명을 다르게 하여 오답 찾기의 정답이다.
3) [17-13] 안전한 유아체육 활동을 위해 지도사가 주의해야 할 사항으로 옳은 것을 찾는 유형

3) 유아체육의 교재·교구

① 유아체육 관련 교재와 교구[1)]
   ㉠ 유아 운동프로그램의 교재와 교구

구분		내용
신체활동	대도구	매트, 뜀틀, 철봉, 평균대, 허들
	소도구	줄, 공, 후프, 풍선, 파라슈트, 스카프
	체력, 표현 리듬	발레, 재즈댄스, 율동, 체조, 요가, 댄스스포츠
놀이·게임	놀이	신체 놀이, 풍선 놀이, 매트 놀이, 공 던지기
	게임	신체를 이용한 게임, 공·모자 등을 이용한 게임
	전통 놀이	제기차기, 투호, 윷놀이, 공굴리기
스포츠		축구, 인라인, 태권도, 골프, 볼링, 하키, 수영, 뉴스포츠

   ㉡ 교재와 교구 선정 원칙 : 안전성, 적합성, 확장성, 다양성, 내구성, 적정성

② 운동기구 관리 유의 사항
   ㉠ 운동기구와 도구는 사용 및 유지 관리를 철저히 한다.
   ㉡ 여름철 습기 예방과 매트 등의 곰팡이가 끼지 않도록 한다.
   ㉢ 조립식 철봉 등은 분해해서 보관하여 공간 효율성을 높인다.

4) 유아체육의 효율적 공간 조성

① 운동기구의 배치[2)]
   ㉠ 병렬식 배치 : 운동기구에 익숙해질 때까지 팀을 나누어 병렬식 배치 운동
   ㉡ 순환식 배치 : 다양한 기구를 한꺼번에 접할 수 있으므로 많은 재미와 만족감을 줄 수 있다.
   ㉢ 시각적 효과의 배치 : 물품을 활용한 시각적 효과와 '징검다리 건너기' 등을 통해 다른 기구로 이동하여 흥미를 유발하게 한다.

② **효율적 공간 조성**[3)]
   ㉠ 수업의 주의집중을 위해 체육시설이나 기구를 효율적으로 배치한다.
   ㉡ 호기심과 모험심을 유발할 수 있는 환경을 조성한다.
   ㉢ 시각적 효과를 낼 수 있도록 배치한다.
   ㉣ 수업 내용과 관련 없는 놀잇감을 배치하지 않는다.
   ㉤ 운동기구가 익숙해질 때까지 팀을 나누어 병렬식으로 배치하고, 익숙해지면 순환식 배치를 권장한다.

---

1) **16-02** 유아체육의 교재·교구의 선정 원칙으로 틀린 것을 찾는 유형으로, 소모성이 오답 찾기의 정답이다.
   16-05 유아 운동의 교재와 교구 중 대도구가 아닌 것을 찾는 유형으로, 후프는 소도구로 오답 찾기의 정답이다.
2) **22-11** 유아 운동의 교구 배치 방법과 효과에 대한 설명으로 틀린 것을 찾는 유형으로, 시각적 효과를 높인 배치는 학습자의 시선을 분산시키는 것이 오답 찾기의 정답이다.
   15-20 운동기구 배치 방법이 아닌 것을 찾는 유형으로, '청각적 효과의 배치'가 오답 찾기의 정답이다.
3) **23-18** 유아체육의 공간 구성 전략으로 틀린 것을 찾는 유형으로, '운동이 익숙해지는 시기에는 순환식보다 병렬식 위주로 기구를 배치한다.'가 오답 찾기의 정답이다. 익숙해지면 순환식 배치가 권장한다.

3. 유아체육의 안전과 응급처치

가. 유아체육의 안전

1) 안전한 운동프로그램 지도

① 안전한 운동프로그램 지도 환경
   ㉠ 유아는 신체적 발달과 신체 기능 활용이 미숙하며, 경험 부족·학습 부족으로 인해 힘이나 속도를 가감하거나 억제하는데 익숙하지 못하거나, 호기심 또는 안전 불감증으로 인해 안전사고를 일으킬 가능성이 크다.
   ㉡ 유아기의 안전한 운동프로그램 지도를 위한 환경 조성이 중요하다.

② 유아체육의 안전 유의 사항

구분	조치
운동 전	• 신체 및 건강 상태 점검 • 운동에 알맞은 복장 • 식후 바로 운동의 자제
운동 중	• 돌발 상황에 대한 준비와 돌발 상황 발생 시 침착함 유지 • 운동 중 상해에 따른 안전 및 치료 • 신체적 부적응에 따른 대응(운동을 중지하고 휴식을 취함)
운동 후	• 호흡기관의 갑작스러운 운동 정지로 현기증 발생 가능 • 서로 주물러 주기를 통해 안정하게 함 • 샤워나 목욕으로 혈액순환 촉진

③ 유아체육 안전 고려 사항[1]
   ㉠ 유아의 인지적, 정서적, 사회적, 신체적 발달을 고려한 안전 대비
   ㉡ 발달 수준에 적합한 운동기구 선택과 운동기구의 안전 점검 철저
   ㉢ 도구 사용법이나 운동 방법에 대한 사전교육
   ㉣ 위험하지 않은 장소에서 운동수행
   ㉤ 운동 전·후에 올바른 준비·정리운동 시행

④ 유아체육과 온도조절[2]
   ㉠ 온도와 습도가 적절하게 유지된 환경 조성
   ㉡ 적절한 수분 보충
   ㉢ 유아와 유소년은 성인보다 열 적응에 취약한 것을 고려

2) 부상과 사고

① 부상과 사고의 개요 : 신체활동은 연령에 따라, 발달단계에 따라 변화하며, 그 변화에 따라 사고의 종류나 부상의 빈도 또는 손상 정도가 다르게 나타난다.
② 부상 : 상처 부위는 머리부, 얼굴이 가장 많고 팔, 다리 순이다.
③ 사고 발생의 원인과 잠재적 위험
   ㉠ 불량한 환경 : 유아가 안심하고 즐겁게 활동할 수 없는 물질·인적 환경
   ㉡ 불량한 행동 : 규칙을 지키지 않는 행동이나 지식의 결여로 인한 행동
   ㉢ 불량한 심신 상태 : 걱정, 흥분, 피로, 한 가지 몰입 시, 운동 능력의 미발달 등
   ㉣ 불량한 복장 : 유아의 운동 활동 내용에 맞지 않는 의복, 신발, 소지품 등

---

1) **15-15** 유아체육의 안전 고려 사항으로 틀린 것을 찾는 유형으로, '위험한 장소에서도 운동수행'은 오답 찾기의 정답이다.
2) **23-20** 유소년 체육활동의 체온조절에 관한 설명으로 틀린 것을 찾는 유형

④ 우발적 사고의 예방[1]
　㉠ 환경적 요인 변화 : 사고를 예방할 수 있도록 위험한 환경요인을 미리 제거해야 한다.
　㉡ 유아의 행동 변화 : 사고의 위험성을 인지할 수 있도록 미리 행동을 주의하도록 한다.

나. 유아체육의 응급처치
1) 응급처치의 이해
① 응급처치의 개요
　㉠ 예상하지 못했던 시간이나 장소에서 일어난 외상·병에 대해 긴급히 그 장소에서 행하는 간단한 치료
　㉡ 응급치료 후 바로 전문의의 진료를 받도록 해야 한다.
　㉢ 응급처치의 범위는 심장 장애·실신·질식·호흡곤란·중독·토혈·각혈·하혈 등이며, 각종 외상을 포함한다.

② 응급처치 행동 방법[2]

❶ 응급 상황 인지 → ❷ 도움 유무 결정 → ❸ 구급차 호출 → ❹ 부상자 진단 → ❺ 응급처치

③ 응급처치의 기본 원칙
　㉠ 미숙한 응급처치는 하지 않는다.
　㉡ 호흡곤란 유무를 확인한다.
　㉢ 출혈 여부와 신체 손상 상태를 주의 깊게 살펴본다.
　㉣ 환자를 평평한 곳으로 눕히고 충격을 받지 않도록 한다.
　㉤ 환자가 충격을 받지 않도록 다친 부위를 보여주지 않는다.
　㉥ 몸을 따뜻하게 체온유지에 신경을 쓰고 환자가 불안해하지 않도록 한다.
　㉦ 119(응급의료 정보센터)나 129(보건복지콜센터)에 연락 구급차를 긴급 호출한다.
　㉧ 환자 이송 시 부상 부위를 고정하고, 충격 방지를 위해 누운 상태로 이송한다.
　㉨ 사고와 부상의 상태를 신속히 판단하여 빠른 구호 조치를 한다.

④ 응급처치의 방법

구분	조치
의식이 없는 경우	• 즉시 119 신고 • 출혈, 신체 손상 등의 확인 • 출혈이 없으면 가슴 압박 실시 • 기도 확보 후 호흡 확인
의식이 있는 경우	• 환자와 대화를 통한 상황 파악 • 외상, 출혈, 골절 등의 상태 확인 • 신분을 밝히고, 환자의 동의를 얻어 간단한 질문 • 꼭 필요한 경우가 아니면 이동 지양

2) 운동상해 시 구급처치(RICE기법)[3]
　㉠ 안정(rest) : 상처 부위가 움직이지 않도록 하고, 필요한 경우 고정시킨다.
　㉡ 냉각(ice) : 다친 후 48시간까지는 상처 부위를 냉찜질하여 혈종이나 통증을 방지

---

1) **15-19** 우발적 사고를 예방하기 위한 2가지 접근방법을 고른 것을 찾는 유형으로, '환경적 요인 변화와 유아의 행동 변화'가 정답이다.
2) **16-06** 응급처치 행동 요령의 순서가 바르게 연결된 것을 찾는 유형
3) **18-19** RICE 기법에 대한 설명으로 잘못된 것을 찾는 유형

ⓒ 압박(compression) : 상처를 압박하여 붓는 것을 방지한다. 그러나 너무 강하게 그리고 오랫동안 압박하지 않도록 주의한다.

ⓔ 환부 높임(elevation) : 상해부위를 심장의 위치보다 높게 해두면 중력의 작용으로 지나친 출혈이나 붓는 것을 줄일 수 있다. 환부 높임을 거상 또는 거양이라고도 한다.

[참고] RICE 기법 : Rest, Ice, Compression, Elevation의 머리글로, 운동상해 시 구급처치 원칙을 말한다.

[참고] PRICE 기법 : 위 RICE 기법에 Protection(보호)을 추가하여 PRICE 기법이라고도 한다.

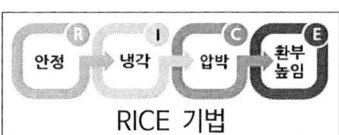

RICE 기법

3) 응급상황별 유아에 대한 조치

① **문진** : 사고 발생 시점부터 현재까지의 상황 및 신체 부상에 대한 증상, 통증의 강도와 빈도, 의식 여부 등 전반적인 상황을 파악한다.

② **고열**
  ㉠ 고열 증상 : 고열은 병으로 인한 증상으로, 몸의 이상 신호이다. 중증도 발열은 백혈구의 운동, 림프구의 변화, 세균 작용 등에 의한 인체 방어에서 작용한다.
  ㉡ 고열의 발열 원인 : 기도 감염(감기, 인두염, 편도염, 급성 중이염, 기관지염, 폐렴 등), 요로감염, 발진성 감염(홍역, 풍진, 돌발성 발진, 수두 등), 장 감염, 뇌막염, 패혈증, 탈수(구토, 설사) 및 예방접종 등 일시적 반응

③ **열사병**[1]
  ㉠ 고열 증상 중 대표적인 경우가 열사병으로, 체온이 40℃ 이상으로 오르고, 땀을 많이 흘리지만, 전혀 땀이 나오지 않는 예도 있다.
  ㉡ 신체 내 열을 외부로 발산하지 못해 고체온 발생 및 중추신경계의 이상을 보인다.
  ㉢ 신속한 체온감소 조치와 병원 후송이 필요하다.

④ **열성경련(경기)**[2]
  ㉠ 주로 생후 6개월~5세 사이에 영유아에게서 발생한다.
  ㉡ 갑자기 고열과 함께 경련을 일으킨다.
  ㉢ 주된 원인은 뇌의 산소 부족, 뇌부종, 탈수, 뇌의 독소 침입, 유전적인 요인 등이다.

⑤ **복통** : 복통은 바이러스에 의한 위장염, 음식물에 의한 알레르기질환, 변비 및 흥분성 위장관 증후군, 바이러스나 박테리아에 의한 폐렴이나 편도선염에 의해 복통을 일으킨다.

⑥ **구토** : 음식물이나 위장액 등을 입 밖으로 토하는 증상으로 구토하면 앉히거나 누워있는 경우 머리를 옆으로 돌려 토사물이 기도로 들어가지 않도록 한다. 금식하고, 탈수 방지로 물만 먹인다. 진정되면 소화되기 쉬운 죽이나 미음을 먹게 한다.

⑦ **화상** : 열, 불, 전기 등으로 인한 피부의 손상을 말하며, 피부 손상 정도에 따라 1~3도 화상으로 구분한다.
  ㉠ 1도 화상 : 피부 표피층만 손상(피부가 붉어지면서 가벼운 부기나 통증 호소)
  ㉡ 2도 화상 : 피부의 진피층까지 손상되어 크고 작은 수포가 손상 부위에 생기고 통증도 심하다. (흉터, 피부 변색, 탈모 등으로 이어질 수 있다.)
  ㉢ 3도 화상 : 피부와 피하 조직까지 손상되어 신경 조직의 파괴로 인해 화상 부위에서 신경의 감각기능이 손상되어 아픔을 느끼지 못한다.(피부 회색 혹은 갈색, 검은색으로 변한다.)

⑧ **골절** : 근육이나 인대, 뼈 등이 손상되면 손상 부위를 고정하고 냉찜질해 주며 손상 부위를 심장보다 높게 하고 휴식을 취한다.

---

1) **24-05** 체온이 40℃ 이상으로 오르는 등의 증상을 보기로 제시하고, 어떤 질환인지 묻는 유형으로, 정답은 열사병이다.
2) **20-20** 유아의 질환을 보기로 설명하고 질환명을 찾는 유형

⑨ **외상**[1] : 타박상, 찰과상, 골절상 등으로 피부 등의 손상을 총칭한다.

⑩ **기도 폐쇄**[2]

　　㉠ 등 두드리기 또는 가슴 압박을 권장한다.

　　㉡ 등 두드리기는 영아의 머리를 가슴보다 낮게 하고, 안은 팔을 허벅지에 고정하고, 손바닥으로 영아의 어깻죽지 사이(견갑골)를 5회 두드린다.

　　㉢ 가슴을 압박할 때 등을 받치고 머리를 가슴보다 낮게 하여, 안은 팔을 무릎 위에 놓은 상태에서 5회 이상 두드린다.

　　㉣ 입속에 이물질 존재 여부를 확인하고, 제거한다. 손에 닿지 않는 이물질은 제거하지 않는다.

　　㉤ 의식이 없는 경우 혀로 인한 기도 폐쇄 여부를 확인한다.

　　㉥ 기도 폐쇄 시 <u>하임리히 수기법</u>을 사용하기도 한다.

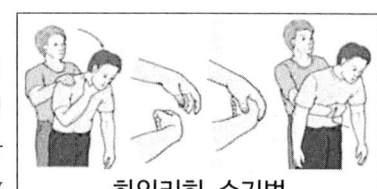

하임리히 수기법

　　　[용어] 하임리히 수기법 : 기도가 이물질로 폐쇄되었을 때 이물질 제거 응급 처치법이다. 환자의 뒤에서 오른손을 왼손으로 감싸고 명치 아래를 순간적인 압박을 가해 끌어올리는 방법으로, 기도를 막고 있는 이물질을 제거한다. 창시자인 미국인 의사 Henry Heimlich 이름에서 따왔다.

---

1) **19-19** 머리 외상의 증상으로 틀린 것을 찾는 유형으로, '식욕이 왕성해지고 신체 활동량이 증가한다.'가 오답 찾기의 정답이다.

2) **23-11** 기도 폐쇄 영유아의 응급처치에 관한 설명으로 옳은 것을 보기에서 모두 고른 것을 찾는 유형

제3부 연습문제와 기출문제

세부목차

연습문제 풀어보기 … 74
- 제1장 유아체육의 이해 … 74
- 제2장 유아기 운동발달 프로그램 … 80
- 제3장 유아체육 교수 학습법 … 88

기출문제 풀어보기 … 95
1. 2024 기출문제 … 95
2. 2023 기출문제 … 100
3. 2022 기출문제 … 105
4. 2021 기출문제 … 110
5. 2020 기출문제 … 115
6. 2019~2915 기출문제 … 별책 부록

※ 연습문제에는 2005~2019년에 출제된 기출문제는 포함되어 있고, 2020~2024년까지의 기출문제는 포함되어 있지 않다.

※ 2019~2015 기출문제는 아래 URL 또는 QR 코드를 활용하여 내려받을 수 있다.
https://cafe.daum.net/sports31/Sine/5

제1장 유아체육의 이해

1. 유아와 유아체육

01. 국민체육진흥법에서 제시하는 유소년의 정의로 옳은 것은? 2018
① 만 3세부터 중학교 취학 전까지의 어린이
② 만 3세부터 중학교 1학년까지의 어린이
③ 만 3세부터 중학교 2학년까지의 어린이
④ 만 3세부터 중학교 3학년까지의 어린이

정답 ① **해설** 국민체육진흥법상 유소년은 만 3세부터 중학교 취학 전까지의 기간이다.

02. 유소년 스포츠지도사의 전문적 자질을 향상시키는 방법으로 가장 적절하지 않은 것은? 2018
① 유소년 스포츠지도사 자격증을 취득한다.
② 유소년 스포츠지도사 연수 과정에 참여한다.
③ 아동의 안전사고에 대비하여 필요한 지식을 습득한다.
④ 아동에 대한 수용적인 태도를 지닌다.

정답 ④ **해설** ④의 경우 인성에 관한 사항으로 전문적 자질에 해당하지 않는다.

03. 영아기의 설명으로 옳지 않은 것은? 2015
① 영아기는 생후 4주~2세까지를 말함
② 신체 길이가 빠르게 성장하고 피하 조직이 크게 증가함
③ 생후 약 12개월이 되면 걸음마가 시작될 정도로 발달
④ 신체 부위별 크기 증가는 똑같은 비율로 이루어짐

정답 ④ **해설** 신체 부위별로 성장 비율은 일정하지 않다.

04. 후기 아동기 시기의 정서 발달 특징에 대한 설명으로 옳지 않은 것은? 2015
① 정서적 수준은 이미 성숙한 수준으로 가정에서나 학교에서 일관된 행동을 보임
② 자아중심적이며 소집단활동에서는 잘 놀지만, 장시간 이어지는 대집단 놀이에서는 서투른 편임
③ 때때로 공격적이고 자아 비판적이며 과잉 반응으로 행동함
④ 남아와 여아의 관심사가 비슷하지만, 이후부터는 점차 달라지기 시작함

정답 ① **해설** 정서적으로 미성숙하고, 가정과 학교에서 다른 행동을 보인다.

05. 영아기 반사의 기능이 아닌 것은
① 생존을 돕는다.
② 미래에 발현하는 불수의적 움직임으로, 자의적으로 연습하게 한다.
③ 운동 행동을 진단한다.
④ 미래의 움직임을 예측한다.

정답 ② **해설** 반사의 역할은 1) 운동발달의 기초가 되고 2) 신생아의 생존을 돕는 임무를 수행하며 3) 미래 움직임에 대한 예측과 4) 중추신경계 장애를 진단할 수 있다.

06. 영아기 원시반사(primitive reflexes)에 대한 설명 중 옳은 것은? 2018
① 반사는 운동발달의 기초가 된다.
② 영아의 중추신경계 장애를 진단할 수 없다.
③ 반사는 영아의 생존과는 무관하다.
④ 대뇌피질에서 통제되는 수의적 움직임이다.

정답 ① **해설** 원시반사는 운동발달의 기초가 되며, 원시반사를 통해 중추신경계 장애를 진단할 수 있고, 영아의 생존과 관련이 있으며, 반사는 불수의적 운동이다.

07. <보기>에서 설명하는 반사의 종류는? `2019`

- 신생아에게 나타날 수 있는 자세 반사로써 중력 반사라고도 한다.
- 자세 유지를 위해 나타나며, 생후 10개월 이후에도 나타난다.
- 아기를 뒤에서 안아 상체를 아래로 내리면 손을 앞으로 뻗고 손바닥을 펴 자신을 보호하려 한다.
- 추락에 대한 보호반응이다.

① 모로반사(Moro reflex)
② 당김. 반사(pull-up reaction)
③ 낙하산반사(parachute reaction)
④ 바빈스키반사(Babinski reflex)

정답 ③ **해설** 추락에 대한 보호반응은 낙하산반사이다.

08. 유아기 기본적인 움직임 기술에 해당되지 않는 것은? `2015`
① 이동운동
② 반사 운동
③ 비이동 운동
④ 조작 운동

정답 ② **해설** 반사 운동은 기본적인 움직임 기술이 아니고 자극에 대한 무의식으로 일어나는 불수의적 행동이다.

09. <보기>에서 설명하는 신생아의 원시반사는? `2017`

- 아기 머리의 갑작스러운 위치 변화나 강한 소리와 빛에 반응하여 무엇을 껴안으려고 한다.
- 출생 시 나타나지 않으면 중추신경계의 문제가 있을 수 있다.

① 빨기반사(sucking reflex)
② 모로반사(Moro reflex)
③ 바빈스키반사(Babinski reflex)
④ 손바닥 파악 반사(palmar grasp reflex)

정답 ② **해설** 보기는 모로반사로, 어머니에게 안기려는 자세를 취한다.

2. 유아기 운동발달

01. 유아의 지적 능력과 더불어 운동 능력 발달에 영향을 미치는 2가지 요소는? `2016`
① 성숙과 경험
② 정서와 관계
③ 규칙과 전략
④ 웃음과 즐거움

정답 ① **해설** 지적, 신체적 성장·발달에 영향을 미치는 요소는 성숙과 경험이다.

02. 유아의 사회성 놀이 발달단계 순서로 옳은 것은? `2016`
① 단독놀이 단계→평행놀이 단계→연합놀이 단계→협동 놀이 단계
② 평행놀이 단계→단독놀이 단계→연합놀이 단계→협동 놀이 단계
③ 연합놀이 단계→평행놀이 단계→단독놀이 단계→협동 놀이 단계
④ 단독놀이 단계→연합놀이 단계→평행놀이 단계→협동 놀이 단계

정답 ① **해설** 단독놀이 단계는 2~2.5세, 평행놀이 단계 2.5~3.5세, 연합놀이 단계 3.5~4.5세, 협동 놀이 단계 4.5세 이상의 단계로 발전한다.

03. 유아기 연령의 정서 표현 방법으로 옳은 것은?
① 6개월 : 불쾌한 자극으로부터 멀리 떨어짐
② 1~3세 : 분노, 공포, 슬픔 같은 일차적 정서가 더욱 분명해짐
③ 3~6세 : 정서 조절이 향상됨
④ 6~12세 : 자기조절 책략은 더욱 다양해지고 보다 복잡해짐

정답 ④ **해설** ① 불쾌한 자극 회피는 1~3세 때 ② 일차적 정서가 분명해질 때는 7~12개월 ③ 정서 조절이 향상되는 것은 6~12세이다.

04. 유아기의 정서로만 묶인 것은? 2016
① 기쁨-분노-우정 ② 분노-애정-기쁨
③ 질투-애정-근면 ④ 공포-질투-냉담

정답 ② **해설** 유아기의 기본 정서는 흥미, 괴로움, 혐오 만족감 등으로 분노, 애정, 기쁨이 해당한다.

05. 피아제(Piaget)의 인지발달 이론에 대한 설명 중 옳지 않은 것은? 2015
① 감각운동기, 전조작기, 구체적 조작기, 형식적 조작기로 구분됨
② 전조작기에는 행동이 아닌 생각으로 행위를 수행할 수 있으며, 자기중심적인 특징이 있음
③ 모든 사람이 형식적 조작기에 이를 수 있음
④ 구체적 조작기에는 동일성, 보상성, 가역성의 특징을 나타냄

정답 ③ **해설** 모든 사람이 형식적 조작기에 이를 수 있는 것은 아니다.

06. 피아제의 인지발달 이론 설명으로 옳은 것은?
① 감각운동기는 0~2세 사이로, 감각을 사용하여 주변을 탐색한다.
② 전조작기는 7~12세 사이로, 지각운동 시기와 자기중심적 사고를 한다.
③ 구체적 조작기는 2~7세 사이로, 구체적 문제에 대해 논리적 사고가 가능하다.
④ 형식적 조작기는 7~11세 사이로 탈중심적 사고에 들어간다.

정답 ① **해설** 인지발달 단계는 감각운동기는 0~2세, 전조작기는 2~7세, 구체적 조작기는 7~11세, 형식적 조작기는 11세 이상에서 나타난다.

07. 피아제(J. Piaget)의 인지발달 단계에 포함되지 않는 것은? 2016
① 감각운동기   ② 전조작기
③ 구체적 조작기 ④ 직관적 조작기

정답 ④ **해설** 피아제의 인지발달 단계는 출생~2세 : 감각운동기, 2~7세 : 전조작기, 7~11세 : 구체적 조작기, 11세 이상 : 형식적 조작기 등이다.

08. Gallahue의 움직임 발달단계 모델에서 기본 움직임 단계 시기에 대한 설명으로 잘못된 것은?
① 2~3세 입문 단계   ② 4~5세 초보 단계
③ 6~7세 성숙 단계   ④ 7~8세 전환 단계

정답 ④ **해설** 기본 움직임 단계는 입문 단계 : 2~3세, 초보 단계 : 4~5세, 성숙 단계 6~7세이다. 전환 단계는 전문화된 움직임 단계로, 7~10세이다.

09. 갤라휴(D. Gallahue)의 운동발달 단계에 대한 설명으로 옳은 것은? 2016
① 초보 운동단계-운동 동작을 서로 연관시켜 하나의 일관된 동작으로 완성하는 단계
② 반사 운동 단계-정보를 받아들이는 정보 수용 단계, 수용된 정보를 처리하며 초기 자발적 움직임이 일어나는 정보처리 단계
③ 기초운동 단계-운동 패턴이 세련되고 효율적인 형태로 발전하는 단계
④ 전문 운동단계-연령에 따라 점차 새로운 운동 기능이 나타나 성숙 되어가는 단계

정답 ③ **해설** ③을 제외한 나머지는 잘못된 설명이다.

10. 운동발달 기본 움직임 단계에 대한 설명 순서가 바른 것은? 2015
① 기초-반사-초보-전문화
② 반사-초보-기본-전문화
③ 초보-반사-기본-전문화
④ 반사-전문화-기본-초보

정답 ② **해설** 갤라휴의 운동발달 모형에 반사 운동단계→초보 운동단계→기초운동 단계→전문화 운동 단계로 발전한다.

11. <보기>에서 제시하는 발달 이론으로 가장 적절한 것은? 2018

- 아동은 주변 친구들의 운동 기술을 관찰하여 자신의 운동 기술을 개발한다.
- TV 속 정현의 포핸드스트로크 모습을 보고 흉내 내며 치기(striking) 기술을 향상시킨다.

① 비고츠키(L. Vygotsky)의 상호작용 이론
② 피아제(J. Piaget)의 인지발달 이론
③ 에릭슨(E. Erickson)의 심리 사회 발달 이론
④ 반두라(A. Bandura)의 사회학습이론

정답 ④ **해설** 보기는 모방을 통해 학습하는 반두라의 사회학습이론이다.

12. 다음 설명 중 유아의 사회적 발달의 특성이 아닌 것은? 2015

① 친구와 놀이하는 것을 좋아하기도 하지만 반대로 싸우기도 많이 함
② 자아가 발달하기 시작하는 시기로 자기의 주장을 굽히려 하지 않음
③ 타인에 대한 이해력이 부족하므로 자기중심적임
④ 성역할이 매우 뚜렷하여 남녀를 구별하여 놀이함

정답 ④ **해설** 유아기에서는 성역할이 뚜렷하게 구분되지 않는다.

13. 유아기 운동발달 이론 중 아래 내용이 설명하는 이론은? 2017

- 환경에 능동적으로 대응하며 운동기능을 발달시킨다.
- 지도사, 부모, 또래 집단은 운동발달에 영향을 미친다.
- 집단 활동의 구성은 운동발달의 효과적인 교수법이다.

① 상호작용 이론   ② 인지발달 이론
③ 정신분석 이론   ④ 정보처리 이론

정답 ① **해설** 보기는 사회적 상호작용을 통해 환경에 대응하며 운동기능을 발달시킨다는 비고츠키의 상호작용 이론이다.

14. 아래의 ㉠, ㉡에 들어갈 갤라휴의 운동 발달 단계로 바르게 묶인 것은? 2019

단계	내용
(㉠)	• 움직임은 일상생활, 기본 스포츠 기술, 레크리에이션 분야 등에 응용되고, 세련된 활동이 가능하다. • 기술 발달의 시작과 정도는 다양한 과제 요인, 개인 요인, 환경요인에 의해 좌우된다.
(㉡)	• 수행이 역학적 효율성을 가지며, 5~6세 유아의 움직임 기술에 해당된다. • 움직이는 물체를 추적하는 정교한 시각 운동과 신체의 움직임 등은 완전히 발달하지 않는다.

① 전문화된 움직임, 초보 움직임
② 전문화된 움직임, 기본 움직임
③ 기본 움직임, 초보 움직임
④ 기본 움직임, 전문화된 움직임

정답 ② **해설** ㉠ 세련된 활동이 가능한 것은 전문화된 움직임이며, ㉡ 수행이 역학적 효율성을 가지며, 5~6세 유아의 움직임 기술은 기본 움직임이다.

15. 운동 기술 습득단계에 대한 설명으로 바른 것은? 2015

① 개별화 과정 : 움직임 수행의 일반적 특성을 인식하고 관련된 움직임을 찾기 시작
② 조합 과정 : 유아가 한 움직임 기술을 다른 기술과 결합하기 시작
③ 적용 과정 : 효과적이고 의미 있는 움직임 형태의 탐색 시작
④ 탐색 과정 : 특정한 과제를 수행하기 위해 자신의 특성과 한계에 따라 수정하고 조정

정답 ② **해설** ① 개별화 과정은 특정 과제 수행을 위해 자신의 특성과 한계에 따라 수정하고 조정하며, ③ 적용 과정은 움직임 수행의 일반적 특성을 인식하고 관련된 움직임을 찾기 시작하고, ④ 탐색 과정은 효과적이고 의미 있는 움직임 형태의 탐색 시작하는 과정이다.

16. 아래의 ㉠, ㉡에 들어갈 유아기 발달 이론이 순서대로 바르게 묶인 것은? 2019

발달 이론	내용
(㉠)	• 발달단계에 이르게 되는 결정적인 힘은 개체가 가진 유전적 요인에 전적으로 의존한다는 관점이다. • 유아가 발달 준비가 되었을 때, 성인의 개입을 최소화하고 자신의 발달 수준에 적합한 활동을 스스로 선택하도록 한다.
(㉡)	• 최근 대두되는 관점으로, 인간이 생물로서 다양한 환경에 적응하는 것을 발달적 관점에서 연구하는 이론이다. • 유아의 행동을 미시체계, 메소체계, 엑소체계, 거시체계의 개념으로 나누어 연구한다.

① 성숙주의(A. Gesell), 사회 발달 이론(E. Erikson)
② 성숙주의, 생태학적 이론(U. Bronfenbrenner)
③ 인지주의(J. Piaget), 생태학적 이론
④ 인지주의(J. Piaget), 심리사회 발달 이론

정답 ② [해설] 성인의 개입을 최소화하는 것은 가젤의 성숙주의 이며, 미시체계, 메소체계, 엑소체계, 거시체계로 나누는 것은 브론펜브렌너의 생태학적 이론이다.

3. 유아기의 건강과 신체활동

01. 유아의 성장과 발달에 영향을 주는 요인으로 보기 어려운 것은?
① 영양 섭취   ② 질병과 기후
③ 운동과 손상 ④ 유희집단

정답 ④ [해설] 유아기 성장 발달의 영향 요인은 충분한 영양 섭취, 질병과 기후, 운동과 손상 등이다.

02. 유아기의 건강 3 요인으로 옳은 것은?
① 유전   ② 심리   ③ 영양   ④ 스트레스

정답 ③ [해설] 유아기 성장 발달의 영향 요인은 충분한 영양 섭취, 질병과 기후, 운동과 손상 등이다.

03. 유아기 건강 3 요인에서 영양에 대한 설명으로 옳지 않은 것은?
① 신체와 정신발달에 영향을 준다.
② 여아의 기초 대사량이 남아보다 높다.
③ 신체조직을 유지하는데 남아가 여아보다 에너지가 필요하다.
④ 유아의 위는 어른의 반 정도이기 때문에 음식을 자주 섭취해야 한다.

정답 ② [해설] 기초 대사량은 남아가 여아보다 높다.

04. 유아기의 규칙적 운동 효과가 아닌 것은? 2016
① 체지방률 감소   ② 골밀도 감소
③ 심폐지구력 발달 ④ 운동기능의 발달

정답 ② [해설] 유아기 규칙적 운동은 골밀도를 증가시킨다.

05. <보기>에서 유아기의 운동 효과에 해당하는 내용으로만 묶인 것은? 2019

㉠ 운동기능 발달	㉡ 사회성 촉진
㉢ 원시반사 촉진	㉣ 성조숙증 촉진
㉤ 정서 발달	㉥ 체력 발달

① ㉠, ㉢, ㉤   ② ㉠, ㉣, ㉥
③ ㉡, ㉣, ㉥   ④ ㉡, ㉤, ㉥

정답 ④ [해설] 유아기 운동 효과는 신체 및 운동 능력 발달, 사회성 발달, 정서적 능력 발달, 인지적 능력 발달 등이다. 그러므로 ㉠, ㉡, ㉤, ㉥이 포함되어야 한다.

06. 유아기 건강 체력 발달에 대한 특징으로 적절하지 않은 것은? 2019
① 최대 심박수는 성인기에 비해 높다.
② 유아기 1회 박출량은 성인기에 비해 높다.
③ 유아기 안정 시 호흡수는 성인기에 비해 높다.
④ 성장함에 따라 근력이 증가하고, 근섬유도 굵어진다.

정답 ② [해설] 유아기에는 최대 심박수, 호흡수 등은 성인과 비교하면 높게 나타난다.

07. 아동·청소년이 신체적 발달의 특징이 <u>아닌</u> 것은? 2018
① 안정 시 분당 호흡수는 출생 후 점차 줄어든다.
② 아동기의 근력은 성장에 따라 발달하지 않는다.
③ 남성의 유연성은 사춘기 전후에 여성보다 빠르게 감소한다.
④ 안정 시 분당 심박수는 평균적으로 신생아가 4~5세 아동들보다 높다.

정답 ② 해설 근력은 성장에 따라 발달한다.

08. 유아 운동 권장 지침으로 옳지 않은 것은? 2015
① 간접적, 직접적 상황에서 대근육 활동을 할 수 있는 기회의 지속적 제공
② 물체의 조작과 눈과 손의 협응이 자연스럽도록 프로그램 구성
③ 전신을 움직이는 활동보다 세부적 움직임 기술 우선 구성
④ 지각운동 기능이 향상될 수 있도록 특별한 활동 포함

정답 ③ 해설 유아기 운동 권장 지침은 소근육 움직임의 기술보다는 대근육을 많이 사용하는 운동을 권장하고 있다.

09. 미국 스포츠/체육교육협회에서 제시한 신체활동 지침으로 옳은 것은?
① 유아들은 하루에 적어도 90분 정도의 구조화된 신체활동을 해야 한다.
② 수면시간을 제외하고 120분 이상 앉아 있지 말 것
③ 유아들은 블록을 쌓거나 좀 더 복잡한 운동이 필요한 운동 기술을 발달시켜야 한다.
④ 유아들은 개개인이 신체활동에 대한 중요성을 인식하고 유아의 운동 기술의 난이도를 높게 한다.

정답 ③ 해설 ①은 하루 60분 정도의 구조화된 신체활동 ②는 수면시간을 제외하고 60분 이상 앉아 있지 않도록 하고 ④ 운동 기술의 난이도를 쉽게 해야 한다.

10. 2012년 세계보건기구가 제시한 아동의 신체활동 지침에 대한 설명으로 옳은 것은? 2018
① 유산소성 신체활동을 주로 한다.
② 저항성 운동을 실시하지 않는다.
③ 누적 60분 이상의 중고강도 수준으로 신체활동을 주 3회 한다.
④ 정기적인 신체활동을 권고하는 이유는 안전 때문이다.

정답 ① 해설 유산소성 운동을 주로 해야 한다.

제2장 유아기 운동발달 프로그램

1. 운동발달 프로그램의 원리

01. 유아체육 프로그램을 통해 형성되는 심리적 특성 중 〈보기〉가 설명하는 것은? 2017

- 팀원 간의 관계를 형성하는 역동적인 과정
- 팀에서 자신에게 부여된 역할과 팀의 규범에 부합하는 가치관을 내재화하는 과정

① 객관화 ② 자아 통합 ③ 사회화 ④ 자존감

정답 ③ **해설** 구성원 간의 관계 형성과 팀에서 부여된 역할과 규범 수행을 형성하는 사회성을 설명하고 있다.

02. 다음 보기에서 설명하는 유아체육 프로그램의 기본권리는?

기초부터 향상까지 잘 조직된 프로그램을 제공해야 한다는 원리

① 방향성 ② 특이성 ③ 안전성 ④ 연계성

정답 ③ **해설** 일상생활 및 안전에 관한 사항들을 이해하고 예방해야 하며, 기초부터 향상까지 잘 조직된 프로그램을 제공해야 한다는 안전성의 원리이다.

03. 〈보기〉에서 제시하는 유아체육 프로그램 개발의 기본권리로 가장 적절한 것은? 2018

- 신체적, 사회적, 정서적 발달을 함께 고려한다.
- 발육 발달과 운동 기술 발달의 수준을 동시에 고려한다.
- 쉬운 과제에서 어려운 과제의 순서로 구성한다.

① 안전성 원리   ② 방향성 원리
③ 복잡성 원리   ④ 연계성 원리

정답 ④ **해설** 운동발달 프로그램은 신체 발달, 정서적·사회적 발달 등이 상호 연계되어야 한다는 연계성의 원리를 설명하고 있다.

04. 〈보기〉에서 설명하는 원리는? 2016

- 유아체육 프로그램은 유아들을 위한 발달적이고, 적절한 활동들을 고려해야 한다.
- 각각의 발달 상태, 움직임 활동에 대한 이전의 경험, 기술, 수준, 체력, 연령 등을 고려해야 한다.

① 연계성의 원리   ② 안전성의 원리
③ 적합성의 원리   ④ 다양성의 원리

정답 ③ **해설** 보기는 적합성의 원리를 설명하고 있다. 이는 연령에 따라 민감기를 고려하여 적절한 운동을 하면 효과적이고 긍정적인 발달을 유도할 수 있다는 것이다.

05. 유아 운동발달 프로그램 구성의 기본권리로 옳지 않은 것은? 2017

① 적합성의 원리   ② 방향성의 원리
③ 자발성의 원리   ④ 연계성의 원리

정답 ③ **해설** 적합성, 방향성, 연계성, 특이성, 안전성, 다양성의 기본권리가 있다.

06. 유아체육 프로그램의 기본권리가 아닌 것은?
① 적합성 ② 안전성 ③ 연계성 ④ 복잡성

정답 ④ **해설** 기본권리에는 적합성, 방향성, 특이성, 안전성, 연계성, 다양성 등이 있다.

07. 유아체육 프로그램 구성원리 중 특이성에 해당하는 내용으로 묶인 것은? 2017

┌─────────────────────────────────────┐
│ ㉠ 체력 향상의 다양한 측면보다 일부분만 고려한다. │
│ ㉡ 유아의 유전과 환경요인을 고려한 개인차를 반영한다. │
│ ㉢ 프로그램 특성의 변화와 순서를 조직적으로 연계한다. │
│ ㉣ 유아의 자발성이나 창의성을 고려하여 계획한다. │
└─────────────────────────────────────┘

① ㉠, ㉡   ② ㉡, ㉢   ③ ㉡, ㉣   ④ ㉠, ㉣

정답 ③ **해설** 특이성 원리는 전형적이며 공통적인 일반화된 특성뿐만 아니라, 개개인의 유전과 환경요인을 고려한 개인차를 고려해야 한다는 원리이다.

08. <보기>에서 설명하는 유아체육 프로그램의 기본원리는? 2019

┌─────────────────────────────────────┐
│ • 신체 조정 능력과 판단력이 완전히 발달하지 않은 유아에게 우선적으로 고려해야 할 원리이다. │
│ • 자신의 능력을 과대평가하는 아동의 성향을 고려한 운동 환경을 마련한다. │
│ • 우발적 사고에 대한 부모나 지도자의 올바른 인식이 중요하다. │
└─────────────────────────────────────┘

① 연계성의 원리   ② 방향성의 원리
③ 안전성의 원리   ④ 주도성의 원리

정답 ③ **해설** 신체 조정 능력과 판단력이 발달하지 않은 유아에게 안전성의 원리를 가장 우선적으로 고려해야 할 사항이다.

09. 유아체육 프로그램 방향성의 원칙으로 옳지 않은 것은?
① 두미 법칙   ② 중심-말초원리
③ 특이성의 원리   ④ 대근육에서 소근육 발달

정답 ③ **해설** 특이성의 원리는 유아체육 프로그램 기본권리 중의 하나이다.

10. 다양성의 원리에 대한 설명으로 옳지 않은 것은?
① 유아는 성인에 비하여 집중력이 떨어짐.
② 유아는 쉽게 흥미를 잃지 않음.
③ 여러 가지 발달적 측면을 고려함.
④ 다양한 경험이 가능한 프로그램으로 구성함.

정답 ② **해설** 유아는 쉽게 흥미를 잃는 경우가 많다.

11. 유아의 발달 과정에 대한 설명으로 옳지 않은 것은? 2016
① 신체 중심에서 말초 부위로 발달
② 대근육에서 소근육으로 발달
③ 머리에서 발가락으로 발달
④ 사지에서 몸통 근육으로 발달

정답 ④ **해설** 몸통과 어깨가 팔과 다리보다 먼저 성장한다.

12. 유아기 신체 발달의 방향성에 관한 설명으로 옳은 것은? 2017
① 머리부터 발달한다.
② 말초 부위부터 발달한다.
③ 소근육과 대근육은 동시에 발달한다.
④ 일정한 순서 없이 발달한다.

정답 ① **해설** 신체 발달의 방향성은 머리→발가락(위-아래), 신체 중심→말초 부위, 대근육→소근육 순이다.

13. 유아기 운동발달의 방향성에 대한 특징으로 적절하지 않은 것은? 2019
① 중심에서 말초로 발달한다.
② 전면에서 후면으로 발달한다.
③ 대근육에서 소근육으로 발달한다.
④ 머리(위)에서 발가락(아래)으로 발달한다.

정답 ② **해설** 전면에서 후면으로 발달하지 않는다.

14. <보기>에서 설명하는 기초 이동운동 능력은? 2019

- 모든 구간에서 체중 이동이 자연스러움
- 체중 이동이 이루어지는 동안 팔의 움직임이 줄어듦
- 호핑 구간 동안 지지하는 다리의 발이 지면 가까이 있음

① 리핑(leaping)   ② 갤로핑(galloping)
③ 슬라이딩(sliding) ④ 스키핑(skipping)

정답 ④ [해설] 한 박자 사이에 오른발을 앞에 내고 가볍게 뛰면서 왼쪽 무릎을 굽혀서 앞으로 올리는 동작은 스키핑이다.

2. 유아체육의 구성

01. 기술 수준의 초급 단계에서 추구하지 않는 것은? 2016
① 발견   ② 인식   ③ 세련   ④ 탐색

정답 ③ [해설] 1) 기술 수준 초급 단계는 인식, 탐색, 발견이며 2) 중급 단계는 결합, 응용 3) 고급 단계는 세련, 개별화가 추구 목표이다.

02. 유아체육 프로그램 구성 요소와 거리가 먼 것은?
① 운동강도   ② 운동시간
③ 운동형태   ④ 운동 경험

정답 ④ [해설] 프로그램 구성 요소는 운동빈도, 운동강도, 운동시간, 운동형태 등이다.

03. 유아의 학습행동 발달 유형의 순서를 바르게 나열한 것은? 2015
① 탐색-탐구-활용-인식
② 인식-탐색-탐구-활용
③ 탐구-활용-인식-탐색
④ 활용-인식-탐색-탐구

정답 ② [해설] 유아기의 행동 발달 순서는 인식→탐색→탐구→활용의 단계로 진행된다.

04. 안정 운동에서 축 이용 기술이 아닌 것은? 2016
① 굽히기(bending)   ② 늘리기(stretching)
③ 던지기(throwing) ④ 비틀기(twisting)

정답 ③ [해설] 축성 운동은 몸의 어느 한 부위를 중심축으로 하여 움직이는 운동으로, 던지기는 추진 조작 운동이다.

05. 안정성 운동 능력에 대한 설명 중 바른 것은? 2015
① 정적 평형성은 무게 중심이 이동할 때 평형을 유지하는 능력
② 동적 평형성은 무게 중심이 고정되어 있을 때 평형을 유지하는 능력
③ 축성 평형성은 굽히기, 펴기, 비틀기, 몸 돌리기 등과 같은 정적 자세 유지 능력
④ 안정성 운동은 비교적 가장 늦게 발달하는 능력

정답 ③ [해설] ①의 설명은 동적 평형성이며, ②의 설명은 정적 평형성이고, ④ 가장 늦게 발달하는 능력은 복합적 요소 운동이다.

06. 기본 운동 발달의 축을 중심으로 하는 안정성 프로그램이 아닌 것은?

① 굽히기 ② 늘리기 ③ 비틀기 ④ 직립 균형

정답 ④ [해설] 직립 균형은 축성 안정성 운동이 아니고, 정적 안정성 운동이다.

07. 기본 운동발달 중 안정성(stability) 향상 프로그램이 아닌 것은? 2017
① 굽히기(bending)
② 직립 균형(upright balance)
③ 슬라이딩(sliding)
④ 늘리기(stretching)

정답 ③ **해설** 슬라이딩은 기본 운동 발달 중 이동 운동 향상 프로그램이다.

08. 이동 운동발달을 위한 단일 요소 프로그램으로 옳은 것은?
① 기어오르기 ② 갤로핑 ③ 달리기 ④ 스키핑

정답 ③ **해설** 기어오르기, 갤로핑, 스키핑은 복합 요소 이동 발달 프로그램이다.

09. <보기>에서 이동성 운동 능력의 출현 순서로 옳은 것은? 2015

| 1. 서서 도움 없이 초보적 걷기 |
| 2. 처음으로 달리기(도움 없이 하는 단계) |
| 3. 위로 점프하기(약 30cm) |
| 4. 숙련된 갤로핑, 성숙된 형태 |

① 1→2→3→4
② 1→3→2→4
③ 1→4→3→2
④ 1→4→2→3

정답 ① **해설** 이동운동의 출현 순서는 기기→손과 발 4개로 걷기→지지받아 걷기→초보적 걷기→혼자 걷기→달리기→점프→갤로핑 등으로 발전한다.

10. 조작 운동발달을 위한 운동프로그램의 추진 조작 운동으로 옳은 것은?
① 볼 멈추기 ② 굴리기 ③ 던지기 ④ 치기

정답 ① **해설** 볼 멈추기는 흡수 조작 운동이다.

11. 유아의 기초운동 기능 중 조작 운동에 포함되지 않는 것은? 2016
① 치기(striking) ② 던지기(throwing)
③ 달리기(running) ④ 차기(kicking)

정답 ③ **해설** 달리기는 이동운동이다.

12. <보기>에서 갤라휴(D. L. Gallahue)가 제시한 조작 운동 기술 중 추진 운동에 해당되는 것은? 2018

| ㉠ 공 던지기(throwing) |
| ㉡ 공 멈추기(trapping) |
| ㉢ 공치기(striking) |
| ㉣ 공차기(kicking) |
| ㉤ 공 받기(catching) |
| ㉥ 공 튀기기(bouncing) |

① ㉠, ㉡, ㉤, ㉥
② ㉠, ㉡, ㉣, ㉥
③ ㉠, ㉢, ㉣, ㉥
④ ㉠, ㉢, ㉤, ㉥

정답 ③ **해설** 추진 조작 운동은 물체가 신체로부터 멀어지도록 만드는 움직임이다. 반대의 개념인 흡수 조작 운동은 움직이는 물체를 정지시키거나 진행을 바꿀 목적으로 신체 부위를 사용하는 운동이다.

13. 조작 운동발달의 대근 조작 운동이 아닌 것은?
① 던지기 ② 차기 ③ 쓰기 ④ 치기

정답 ③ **해설** 대근 조작 운동은 대근육을 사용하는 운동이며, 반대 개념인 소근 조작 운동은 소근육을 사용하며 쓰기, 그리기, 자르기 등이 있다.

14. 조작 운동발달의 대근 조작 운동영역이 아닌 것은?
① 그네 ② 시이소오 ③ 미끄럼틀 ④ 글쓰기

정답 ④ **해설** 글쓰기는 소근 조작 운동영역이다.

15. 걷기 동작의 발달단계 중 시작 단계(생후 12개월 전후)의 특징으로 옳지 않은 것은?
① 균형을 쉽게 잃게 된다.
② 보폭이 짧다.
③ 기저면이 상대적으로 좁다.
④ 발바닥 전체로 바닥과 접촉하며 걷는다.

정답 ③ [해설] 균형을 잡지 못하고, 보폭이 짧으며, 발바닥 전체를 바닥과 접촉하며 걷는다.

16. 피아제(J. Piaget)의 인지발달 단계 중 〈보기〉에서 설명하는 것은? 2017

- 지각운동 시기로 사물과 사건의 관계를 인식하는 사고능력의 큰 진보가 이루어지지만, 자기중심성이 강하다.
- 게임을 할 때 일반적인 규칙이나 전략을 사용할 수 있지만 완전하지는 못하다.

① 감각운동기 ② 전조작기
③ 구체적 조작기 ④ 형식적 조작기

정답 ② [해설] 보기는 전조작기를 설명하고 있으며, 이때 연령은 2세~7세이다.

17. 피아제의 인지발달 이론 중 차기 동작(kicking)의 도식(schema)과 그 도식의 형성 과정에 대한 설명으로 적절하지 않은 것은? 2018
① 도식은 기존의 차기 동작 경험을 통해 형성된 인지적 구조이다.
② 동화(assimilation)는 다른 속도로 굴러오는 공에 기존의 차기 기술로 반응하는 것이다.
③ 조절(accommodation)은 다른 속도로 굴러오는 공에 새로운 차기 기술로 반응하는 것이다.
④ 평형(equilibrium)은 동화와 조절의 균형을 통해 도식이 변화하는 것이다.

정답 ④ [해설] 피아제의 인지발달 이론은 1) 동화(새로운 정보나 해결 방법이 기존 계획에 융합)되거나 2) 조절(주위 환경과의 상호작용 또는 경험의 학습을 통하여 기존 계획에 변화가 일어남)되거나 3) 평형화(새로 형성된 인지구조로 새로운 환경을 이해할 수 있는 사고의 균형 상태)이다. ④ 평형으로 인해 도식이 변화하는 것은 아니다.

18. 지각 운동발달 프로그램 구성 요소에 포함되지 않는 것은? 2016
① 신체 지각 ② 공간 지각
③ 관계 지각 ④ 객관 지각

정답 ④ [해설] 지각 운동발달 프로그램은 신체 지각, 공간 지각, 방향 지각, 시간 지각, 관계 지각, 움직임의 질 등이다.

19. 2~3세 유아에 적합한 체육 프로그램의 고려 사항으로 옳지 않은 것은? 2018
① 성별의 차이는 고려하지 않는다.
② 협응성을 강조하면서 속도 및 민첩성을 연계한다.
③ 발육 발달 상태를 평가한다.
④ 놀이 방법을 이해할 수 있는지를 확인한다.

정답 ② [해설] 속도와 민첩성을 강조하는 것은 3~5세 사이의 유아에게 적합하다.

20. 지각운동을 위한 유아의 활동 중 공간인지능력을 발달시키는 활동으로 적합한 것은? 2015
① 신체를 '점점 높게, 점점 낮게, 앞, 뒤, 위, 아래'로 움직임
② 빠르거나 느리게 걷거나 뛰어 봄
③ 팔을 강하게 또는 약하게 위에서 아래로 당김
④ 몸을 부드럽게 흔들어봄

정답 ① [해설] 움직임일 때 낮음, 중간, 높음 등의 높이를 이해하는 것은 공간 지각이다. ② 신체 지각 ③ 방향 지각 ④ 움직임의 질에 대한 지각을 말한다.

21. 체력 발달 프로그램의 건강 관련 체력 요소로 옳은 것은?
① 민첩성 ② 유연성 ③ 순발력 ④ 협응성

정답 ② [해설] 건강 관련 체력 요소는 근력, 근지구력, 심폐지구력, 유연성 등이고, 수행 관련 체력 요소는 민첩성, 순발력, 협응성, 평형성, 교차성 등이다.

22. 지각 운동발달 중 아래에서 설명하는 것은? 2017

- 크기가 다른 훌라후프 터널을 통과하는 방법 익히기
- 과제와 상황에 따라 움직임의 범위를 조절하는 방법 익히기

① 공간 지각운동　② 방향 지각운동
③ 신체 지각운동　④ 시간 지각운동

정답 ① **해설** 공간 지각운동은 어디로 움직이는가 하는 것으로, 대상의 위치, 방향, 거리 등을 이해하는 것을 말한다.

23. 유아의 체력 요소와 측정 방법이 바르게 연결된 것은? 2016
① 유연성-앉아서 윗몸 앞으로 굽히기
② 평형성-제자리멀리뛰기
③ 순발력-몸 지탱하기
④ 민첩성-평균대 위에서 외발서기

정답 ① **해설** 측정 방법은 ② 평형성-양팔 들고 외발서기, ③ 순발력-제자리멀리뛰기, ④ 민첩성-왕복달리기 등이며, 협응성-모둠발 뛰어넘기이다.

24. 유아 운동프로그램 계획 시 고려할 사항으로 옳지 않은 것은?
① 유아의 발달 성과를 고려해야 한다.
② 충분히 활동적이고 흥미로운 놀이로 구성되어야 한다.
③ 창의력을 고려하여야 한다.
④ 일부 소외된 아이들을 배려하여야 한다.

정답 ① **해설** 프로그램 계획 때는 발달 성과를 고려할 필요가 없다.

25. 유아체육 프로그램의 인지적 목표에 해당하는 것은? 2017
① 신체 움직임의 개념을 학습할 수 있다.
② 사물을 조작하는 기술을 습득할 수 있다.
③ 긍정적인 정서를 형성할 수 있다.
④ 협동 기술을 습득할 수 있다.

정답 ④ **해설** 인지적 목표는 의사소통하는 방법의 협동 기술 습득, 기본 규칙과 게임 놀이를 학습, 지시에 따르는 것을 학습, 사물, 색, 모양을 인식하는 것을 학습 등이다.

26. 유아 프로그램 계획 시 인지적 영역에서 고려해야 할 사항으로 틀린 것은?
① 의사소통하는 방법
② 기본 규칙과 게임 놀이를 학습
③ 지시에 따르는 것을 학습
④ 긍정적인 자아개념과 자기 존중을 개발

정답 ④ **해설** ④ 긍정적인 자아개념과 자기 존중은 정서적 영역에 해당된다.

27. 유아기 이동 기술(locomotion) 중 복합기술인 것은? 2017
① 걷기(walking)　② 달리기(running)
③ 갤로핑(galloping)　④ 호핑(hopping)

정답 ③ **해설** ①, ②, ④는 기초 요소, 복합 기술은 기어오르기, 갤로핑, 슬라이딩, 스키핑, 번갈아 뛰기 등이다.

28. <보기>에서 설명하는 갤라휴(D. Gallahue)의 운동발달 단계는? `2019`

- 초보 움직임의 습득으로 전문화된 움직임을 위한 준비기간이다.
- 걷기, 달리기, 던지기 등의 기본동작을 적절하게 발달시켜야 한다.
- 육체·정신적으로 발달이 왕성한 시기이므로 놀이 위주의 신체활동이 필요하다.

① 기본 움직임 단계 ② 전문화된 움직임 단계
③ 초보 움직임 단계 ④ 반사 움직임 단계

정답 ① **[해설]** 초보 움직임 단계와 전문화된 움직임 단계의 사이는 기본 움직임 단계이다.

29. <보기>에서 운동 기술 체력 요소와 운동 능력이 적절한 것으로 바르게 묶인 것은? `2019`

- ㉠ 협응력 - 상대방에게 공을 던지고 받는 능력
- ㉡ 유연성 - 무릎을 펴고 몸을 앞으로 굽히는 능력
- ㉢ 순발력 - 제자리에서 모둠발로 점프하여 멀리 뛰는 능력
- ㉣ 민첩성 - 오래달리기를 하며 속도를 오랫동안 유지하는 능력

① ㉠, ㉡   ② ㉡, ㉣   ③ ㉠, ㉢   ④ ㉢, ㉣

정답 ③ **[해설]** 협응력은 근육·신경 기관·운동기관 등의 신체 각 기관의 움직임에 대한 상호 조정 능력으로, 상대방에게 공을 던지고 받는 능력은 협응력에 해당한다. 순발력은 순간적으로 강한 힘을 발휘하여 달리고, 뛰고, 던지는 능력이다.

30. 흡수 조작(absorptive manipulation) 운동 기술에 해당하는 것은? `2017`

① 볼 멈추기(ball trapping)
② 볼 차기(ball kicking)
③ 볼 튀기기(ball bouncing)
④ 볼 굴리기(ball rolling)

정답 ① **[해설]** 흡수 조작 운동 기술은 볼 잡기, 볼 멈추기 등이 있다. ①을 제외한 나머지는 추진 조작 운동 기술이다.

31. <보기>의 괄호 안에 들어갈 알맞은 용어는? `2019`

( )은 날아오거나 굴러오는 물체에 힘을 가해서 정지시키거나 속도를 줄이는 운동으로 잡기, 받기, 볼 멈추기 운동 등이 포함된다.

① 정적(static) 안정성 운동
② 추진(propulsive) 조작 운동
③ 흡수(absorptive) 조작 운동
④ 동적(dynamic) 안정성 운동

정답 ③ **[해설]** 움직이는 물체를 정지시키거나, 진행을 바꿀 목적으로 신체 부위를 사용하는 운동은 조작적 흡수 운동이다.

32. 오버핸드 던지기 운동 기술의 발달단계 중 시작 단계의 특징으로 옳지 않은 것은? `2017`

① 팔꿈치 위주로 동작한다.
② 양발은 고정된 상태를 유지한다.
③ 몸통 회전을 이용하지 못한다.
④ 체중을 이용한다.

정답 ④ **[해설]** 던지기 운동 기술의 시작 단계 특징은 던지는 팔과 같은 쪽 발이 앞으로 나가고, 백스윙이 억제되며, 팔 움직임이 신체 움직임과 리드미컬하게 협응하지 못한다.

33. 유아의 지각 운동발달 요소와 설명이 적절하지 않은 것은? `2019`

① 공간 지각 - 높이가 다른 뜀틀 넘기를 한다.
② 시간 지각 - 음악에 맞추어 율동 동작을 한다.
③ 시간 지각 - 다양한 속도로 날아오는 야구공을 받는다.
④ 공간 지각 - 신체 각 부분의 명칭과 근육의 긴장과 이완을 이해한다.

정답 ④ **[해설]** ④는 공간 지각이 아니고 신체 지각이다.

34. <보기>에서 설명하는 유아기 발달 이론은? 2019

> 다양한 속도로 날아오는 공을 때리는(striking) 경험은 도식(schema)의 변화를 유도하여 때리기 동작을 점차 발달시킨다.

① 피아제(J. Piaget)의 인지발달 이론
② 프로이드(S. Freud)의 정신분석 이론
③ 에릭슨(E. Erickson)의 심리사회 발달 이론
④ 하비거스트(R. J. Havighurst)의 환경이론

정답 ① **해설** 보기는 환경과의 상호작용을 통한 지속적이고 확실한 방식 혹은 계획(scheme)의 결과로 나타나는 피아제의 인지발달 이론이다.

35. 아동의 체력요인과 검사 방법이 바르게 연결되지 않은 것은? 2018
① 순발력 – 제자리멀리뛰기
② 평형성 – 평균대 위에서 외발서기
③ 근지구력 – 5m 왕복달리기
④ 유연성 – 앉아서 몸 앞으로 굽히기(좌전굴)

정답 ③ **해설** 근지구력은 윗몸 말아 올리기, 반복 점프 등으로 검사할 수 있다.

48. <보기>를 가장 잘 설명하는 지각운동은? 2018

> - 음악에 맞추어 동작을 학습한다.
> - 다양한 속도로 날아오는 공을 받는다.
> - 악기의 연주 빠르기에 따라 다양한 속도로 이동 기술을 연습한다.

① 관계 지각운동　② 공간 지각운동
③ 시간 지각운동　④ 환경 지각운동

정답 ③ **해설** 운동 능력의 시간적 차원의 발달 과정으로, 리듬에 맞추어 빨리 또는 느리게 하는 움직임은 시간 지각운동이다.

36. 유아체육 프로그램의 구성 절차로 옳은 것은? 2016
① 자료수집→프로그램 작성→적용 대상 선정→프로그램 지도→프로그램 평가→피드백
② 자료수집→프로그램 작성→적용 대상 선정→프로그램 평가→프로그램 지도→피드백
③ 자료수집→적용 대상 선정→프로그램 작성→프로그램 평가→프로그램 지도→피드백
④ 자료수집→적용 대상 선정→프로그램 작성→프로그램 지도→프로그램 평가→피드백

정답 ④ **해설** 자료수집 후 적용 대상을 선정하고, 프로그램을 작성한 후 지도, 평가, 피드백 순으로 진행된다.

3. 신체활동 권장 사항과 누리과정

01. 누리과정에서 3세 유아의 신체 조절 능력을 향상시키기 위한 프로그램의 내용으로 적절하지 않은 것은? 2018
① 신체 균형을 유지해 본다.
② 도구를 활용한 조작 운동을 한다.
③ 공간, 힘, 시간 등의 움직임 요소를 경험한다.
④ 신체 각 부분의 움직임을 조절해 본다.

정답 ② **해설** 도구를 활용한 조작 운동은 5세 유아의 신체 조절 능력 향상 프로그램이다.

02. 3~5세 나이별 누리과정의 지도 원리에서 신체운동·건강 영역의 내용 범주가 아닌 것은? 2016
① 신체 인식하기
② 전통 놀이 활동하기
③ 안전하게 생활하기
④ 신체 조절과 기본 운동하기

정답 ② **해설** 3~5세 누리과정 지도 원리 중 신체운동·건강 영역은 감각 능력 기르고 활용하기, 신체를 인식하고 움직이기, 신체 조절하기, 기본 운동하기, 자발적으로 신체활동에 참여하기, 바깥에서 신체 활동하기, 기구를 이용하여 신체 활동하기, 몸과 주변을 깨끗이 하기, 바른 식생활 하기, 질병 예방하기, 교통안전 규칙 지키기, 비상시 적절히 대처하기 등이다.

제3장 유아체육 교수 학습법

1. 유아체육의 지도

01. 유아체육의 직접-교사 주도적 교수 방법에 대한 설명으로 옳은 것은?
① 운동기구와 소도구를 자유롭게 이용
② 개개인의 능력 차이와 흥미를 인정
③ 전통적 방법으로 교사가 모두 결정하는 방법
④ 유아에게 주도권을 부여하는 방식

정답 ③ [해설] ①, ②, ④번은 간접-교사 주도적 교수 방법이다.

02. 직접-교사 주도적 교수 방법에 관한 설명으로 옳지 않은 것은? 2017
① 지시적 방법과 과제 제시 방법으로 나뉜다.
② 지시적 방법은 지도자의 시범과 설명이 주로 이루어진다.
③ 과제 제시 방법은 유아에게 의사결정을 허용하지 않는다.
④ 대 그룹 활동을 지도할 때 효과적이다.

정답 ③ [해설] 과제 제시 방법은 유아에게 어느 정도의 의사결정을 하도록 허용하는 점이 지시적 방법과 다르다.

03. <보기>에서 설명하는 간접-교사 주도적 교수 방법은 무엇인가?

> 시범이나 언어적 설명이 없이 유아가 자신이 적합하다고 생각하는 활동 과제를 수행하고 학습의 결과보다 과정에 중점을 둔다.

① 지시적 방법
② 탐구적 방법
③ 안내-발견적 방법
④ 유아-교사 상호 주도적 방법

정답 ② [해설] 탐구적 방법은 교사가 활동 과제에 대한 해결책을 요구하지 않고 유아 자신이 적합하다고 생각하는 활동 과제를 수행하게 하는 방법이다.

04. 유아체육 지도의 원리 중 옳지 않은 것은? 2015
① 놀이 중심의 원리 : 유아 흥미를 고려하여 다양한 운동 도구를 활용한 프로그램에 참여
② 개별화의 원리 : 유아의 운동 능력과 발달 속도에 따라 체육활동을 경험
③ 반복의 원리 : 안정, 이동, 조작 운동의 3가지 기초운동 반복 학습
④ 융통성의 원리 : 기초운동 기술, 운동 능력, 지각-운동 능력의 발달이 통합적으로 이루어진다.

정답 ④ [해설] ④는 통합성의 원리이다.

05. <보기>에서 설명하는 유아체육 지도 원리는?

> 기초운동 기술(안정, 이동), 운동 능력(협응, 균형, 힘, 속도), 지각-운동 능력(공간, 신체, 방향, 시간)의 통합적 발달이 이루어지도록 한다.

① 놀이 중심원리
② 생활 중심원리
③ 통합의 원리
④ 반복 학습의 원리

정답 ③ [해설] 기초운동 기술(안정, 이동), 운동 능력(협응, 균형, 힘, 속도), 지각운동 능력(공간, 신체, 방향, 시간)의 통합적 발달이 이루어지도록 하는 것은 통합의 원리이다.

06. 유아체육 지도자의 역할로 적절하지 않은 것은? 2019
① 호기심을 자극하고, 반응에 관심을 보이며 지도한다.
② 이기는 것이 제일 중요하다는 것을 강조하며 지도한다.
③ 주제와 장소를 고려하여 적절한 장비를 선택하며 지도한다.
④ "해보자!", "해보지 않겠니?" 등의 권유형 언어를 사용하여 지도한다.

정답 ② [해설] 승리 지상주의의 지도 방법을 옳지 않다.

07. 유아의 창의적 동작 표현력을 향상 시키기 위하여 이용되는 동작 교수법이 아닌 것은? 2016
① 획일적 접근방법   ② 리듬적 접근방법
③ 신체적 접근방법   ④ 통합적 접근방법

정답 ① [해설] 동작 표현력 향상 방법 중 획일적 방법은 사용하지 않는다.

08. <보기>에서 설명하는 유아체육의 지도 원리는? 2019

> - 대근육 운동 능력 중 안정과 이동의 기초운동 기술, 협응과 균형의 운동 능력, 공간과 방향의 지각-운동 능력 발달이 이루어지도록 한다.
> - 과거 경험, 현재 흥미의 고려는 물론 다양한 문화적 경험을 할 수 있도록 한다.

① 통합의 원리   ② 개별화의 원리
③ 반복 학습의 원리   ④ 탐구학습의 원리

정답 ① [해설] 과거 경험, 현재 흥미의 고려는 물론 다양한 문화적 경험을 할 수 있도록 하는 것은 통합의 원리이다.

09. 유아체육의 지도 원리와 설명으로 적절하지 않은 것은? 2018
① 표현성 원리 : 음악의 리듬에 맞추어 효과적인 표현 지도
② 사회화 원리 : 소규모 집단으로 구성하여 지도
③ 연속성 원리 : 연령, 건강, 체력 등의 특성을 고려하여 지도
④ 흥미성 원리 : 흥미를 존중하여 학습 능력을 높이도록 지도

정답 ③ [해설] 연령, 건강, 체력 등의 특성을 고려하여 지도하는 것은 개별화의 원리이다.

10. 유아-교사 상호 주도적 통합 교수 방법에 대한 설명으로 옳은 것은? 2015
① 유아가 어떤 활동이든 똑같이 반복할 수 있도록 지도
② 유아가 무엇을, 언제, 어떻게 할 것 인가를 교사가 주도적으로 결정
③ 운동 선택 결정 기회를 전적으로 유아에게 부여하여 운동 도구나 소도구를 자유롭게 이용
④ 유아의 흥미와 교사의 체계적인 접근방법이 균형을 이룸

정답 ④ [해설] 활동에 따라 반복 요소를 다르게 지도하고 유아가 원하는 것으로 결정하도록 하고 유아에게 전적으로 맡기는 것이 아니라 교사와 유아가 함께 결정하도록 한다.

11. <보기>의 대화에서 지도자가 활용한 유아체육 교수 방법은? 2019

> 지도자 : 제자리에서 공을 앞으로 멀리 던져볼까?
> 아 동 : 어떻게 하면 공을 멀리 보낼 수 있어요?
> 지도자 : 공을 던지는 팔은 뒤로 하고 반대쪽 발은 앞으로 나가야 해.
> 아 동 : 그럼 몸통도 같이 돌아가요. 손을 뒤로 많이 하니까 공이 더 멀리 가요.
> 지도자 : 멋진 걸 발견했구나!

① 결과 중심 교수 방법
② 교사 주도적 교수 방법
③ 유아 주도적 교수 방법
④ 유아-교사 상호 주도적·통합적 교수 방법

정답 ④ [해설] 보기의 설명은 유아-교사 상호 주도적 교수 방법이다.

12. 아동의 신체적 유능감 향상을 위한 지도 전략으로 적절하지 않은 것은? `2018`
① 운동 기술 수준에 맞는 도전적인 프로그램을 제공한다.
② 흥미를 위해 경쟁적인 프로그램을 제공한다.
③ 무조건적인 칭찬이 아닌 노력에 연계된 격려를 제공한다.
④ 개개인의 발달 수준을 고려한 개별화 프로그램을 제공한다.

정답 ② [해설] 경쟁적 프로그램은 공격성, 이기주의 등 부정적 측면이 강하게 작용할 수 있으므로 바람직한 방법이 아니다.

2. 유아 운동프로그램

01. 유아체육 프로그램 목표에 대한 설명으로 옳지 않은 것은? `2017`
① 다양한 신체활동을 통해 기본 운동 기술을 이해한다.
② 원시반사를 소멸시킬 기회를 제공한다.
③ 자신의 감정을 표현할 기회를 제공한다.
④ 지각과 동작 간의 협응 과정을 통해 지각운동 기술을 발전시킨다.

정답 ② [해설] 유아체육 프로그램은 원시반사의 소멸과 관련이 없다.

02. 유아체육 프로그램의 구성 방법으로 옳지 않은 것은? `2017`
① 활동적인 유아를 위해 주 3~4회의 운동을 편성한다.
② 흥미를 잃지 않도록 발달 수준을 고려하여 구성한다.
③ 운동기능의 향상을 위해 점진적 방법을 적용한다.
④ 체력의 향상을 위해 장시간의 고강도 운동을 포함한다.

정답 ④ [해설] 장시간의 고강도 운동은 유아체육 프로그램의 구성 방법이 아니다.

03. 아래에 설명하는 유아체육 지도 환경 원칙은?

> 공간의 벽, 바닥의 재질, 부드러운 마감재, 안전장치 설치 등을 통해 체육수업에서 위험성을 없앨 수 있다.

① 안전성   ② 경제성   ③ 효율성   ④ 흥미성

정답 ① [해설] 보기는 안전성을 설명하고 있다. ② 경제성은 시공 시에 시간 및 비용의 경제적인 면 ③ 효율성 : 수업의 효율적 진행을 고려하여 장소의 음향 시설, 냉난방시설, 활동공간 등 ④ 흥미성 : 환경을 흥미롭게 하여 적극적인 수업 태도를 만들 수 있도록 해야 한다.

04. 실외 놀이·운동기구 환경에서 지도자가 주의해야 할 내용 설명으로 옳지 않은 것은?
① 안전거리를 유지하고 안전선을 이해시킨다.
② 높은 곳에서 뛰어내리지 않도록 한다.
③ 자전거, 인라인스케이트는 보호장구를 착용하도록 한다.
④ 철봉의 경우 신체적 보조나 언어적 보조 없이 자신감만으로 시키도록 한다.

정답 ④ [해설] 철봉에서 떨어질 위험에 대해서 보조가 필요하다.

05. 유아체육 프로그램을 지도할 때 유아의 흥미를 고려한 지도 방법으로 옳은 것은? `2017`
① 경쟁만을 유도하는 단계적 목표를 정하여 프로그램을 구성한다.
② 정적인 운동을 중심으로 프로그램을 구성한다.
③ 수업의 규칙을 지키지 않아도 되는 프로그램을 구성한다.
④ 음악이나 도구를 활용하여 다양한 프로그램을 구성한다.

정답 ④ [해설] 흥미를 유발하는 방법은 음악이나 도구 등을 활용하여 프로그램을 다양하게 구성하는 것이 좋다.

06. 유아의 신체활동 시간을 증가시키기 위한 전략으로 옳지 않은 것은? 2016
① 발육 발달 수준에 맞는 신체활동 프로그램을 전개한다.
② 기술을 연습할 수 있도록 대기 시간을 늘린다.
③ 활동적으로 참여하는 것에 대해 긍정적인 피드백을 제공한다.
④ 유아들의 흥미를 유발할 수 있는 다양한 활동을 제공한다.

정답 ② **해설** 준비시간, 대기 시간 등을 줄이고 실제적 활동 시간을 늘리도록 한다.

07. 3~4세 유아의 체육활동에서 진행 통제가 어려운 경우 지도자의 역할로 적절하지 않은 것은?
① 경쟁과 결과를 강조하는 진행자 역할 2019
② 서로 다투는 유아를 위한 중재자 역할
③ 뜀틀을 무서워하는 유아의 수행을 위한 보조자 역할
④ 언어적 지시를 이해하지 못하는 유아에게 시범을 보여주는 안내자 역할

정답 ① **해설** 유아 지도에 있어 경쟁과 결과를 강조하는 것은 잘못된 것이다.

08. 유아기의 심리적 특성을 고려한 지도 방법으로 적절하지 않은 것은? 2019
① 차례를 오래 기다리지 않도록 한다.
② 복잡한 운동을 지속적으로 반복한다.
③ 규칙과 약속을 잘 지킬 수 있도록 한다.
④ 활동이 정적 위주로 진행되지 않도록 한다.

정답 ② **해설** 복잡한 운동을 지속적으로 반복하면 운동에 싫증을 느낄 수 있다.

09. 유아체육 프로그램의 운영 지침에 대한 설명으로 옳은 것은? 2017
① 설정한 목표를 반드시 달성하도록 한다.
② 실제 신체활동 참여 시간을 늘린다.
③ 일상생활과 관련된 내용을 프로그램에 포함하지 않는다.
④ 기초운동 기술 발달만을 강조한다.

정답 ② **해설** ①의 경우 반드시 달성하는 것보다 가능한 한 달성하도록 하는 것이 좋다.

10. 유아를 위한 교재·교구의 선정 원칙으로 옳지 않은 것은? 2016
① 안전성 ② 적합성 ③ 소모성 ④ 확장성

정답 ③ **해설** 교재·교구를 선정하는 원칙은 안전성, 적합성, 확장성, 다양성, 내구성, 적정성 등이다.

11. 유아 운동프로그램 구성 시 교사의 고려 사항이 아닌 것은? 2015
① 과제를 위한 시간 분배를 가지고 진행을 예측
② 유아의 개인차보다 과제 수행을 우선시함
③ 학습자가 과제를 인식할 수 있도록 어떤 신호나 자극을 줌
④ 과제를 설명할 때 학습자와 의사소통이 될 수 있도록 함

정답 ② **해설** 과제 수행의 우선보다는 개인차를 고려하여 프로그램을 구성해야 한다.

12. 유아 운동프로그램의 교구 중 대도구에 포함되지 않는 것은? 2016
① 매트 ② 철봉 ③ 평균대 ④ 후프

정답 ④ **해설** 후프는 소도구이다. 소도구는 줄, 공, 풍선, 파라슈트, 스카프 등이 있다.

13. 다음 중 운동기구 배치 유형이 아닌 것은? `2015`
① 병렬식 배치 ② 순환식 배치
③ 시각적 효과의 배치 ④ 청각적 효과의 배치

정답 ④ [해설] 청각적 효과의 배치는 유형이 아니다.

14. 체육수업 중 유아의 실제 과제 참여 시간을 증가시키는 방법은? `2018`
① 장비와 기구를 충분히 제공해 준다.
② 기구의 안전관리 점검을 실시한다.
③ 운동기구는 활동마다 재배치한다.
④ 언어적 지시는 최대한 자세히 한다.

정답 ① [해설] 유아의 실제 과제 참여 시간을 늘리려면 장비와 기구를 충분히 제공하여 흥미를 유발하도록 해야 한다.

15. 유아체육을 지도할 때 지도사의 역할 수행으로 적절하지 않은 것은? `2018`
① 열정을 보여준다.
② 상과 벌을 함께 제공한다.
③ 지나친 경쟁의식을 갖지 않도록 지도한다.
④ 유아들의 반응에 관심을 가진다.

정답 ② [해설] 상과 벌을 함께 제공하는 것은 바람직하지 않다.

16. 유아체육 수업의 환경 구성에 대한 설명으로 옳지 않은 것은? `2018`
① 흥미 유발을 위해 다양한 교구를 사용한다.
② 대근운동 시 충격 흡수를 위한 안전 매트를 깔아준다.
③ 안전을 위해 가능한 한 좁고 한정된 공간을 확보한다.
④ 필요하면 음향 시설을 활용할 수 있다.

정답 ③ [해설] 좁고 한정된 공간은 유아체육 수업 환경에 적합하지 않다.

3. 유아체육의 안전과 응급처치

01. 안전한 유아 체육활동을 위해 지도사가 주의해야 할 사항으로 옳은 것은? `2017`
① 수업 교구의 사용법을 설명해 주는 것보다 먼저 체험토록 한다.
② 체육활동 후 운동기구의 정리에 개입시키지 않는다.
③ 놀이시설의 위험성을 스스로 학습하도록 한다.
④ 신체활동을 위한 넓은 공간을 확보한다.

정답 ④ [해설] 운동기구는 사용 후 직접 정리하도록 하고, 위험성에 노출된 부위에는 보호막을 설치하여 안전사고를 예방해야 한다.

02. 유아체육 활동 시 안전을 위한 고려 사항이 아닌 것은? `2015`
① 발달 수준에 적합한 운동기구 선택
② 도구 사용법이나 운동 방법에 대한 사전교육
③ 위험한 장소에서도 운동수행
④ 운동 전·후에 올바른 준비·정리운동 시행

정답 ③ [해설] 위험한 장소에서는 수행하지 않아야 하고, 안전사고에 대한 예방책을 마련해야 한다.

03. 응급처치의 기본 원칙에 대한 설명으로 옳지 않은 것은?
① 응급처치는 무조건 한다.
② 호흡곤란 유무를 확인한다.
③ 출혈 여부와 신체 손상 상태를 주의 깊게 살펴본다.
④ 환자를 평평한 곳으로 눕히고 충격을 받지 않도록 한다.

정답 ① [해설] 미숙한 응급처치는 시행하지 않는 것이 좋다.

04. 유아에게 일어날 수 있는 우발적인 사고를 예방하기 위한 두 가지 접근방법으로 옳은 것은? 2015
① 환경적 요인 변화-유아의 행동 변화
② 교사의 행동 변화-부모의 행동 변화
③ 환경적 요인 변화-교사의 행동 변화
④ 부모의 행동 변화-유아의 행동 변화

정답 ① **해설** 환경적 요인으로 인한 사고가 일어나지 않게 미리 방지해야 하며 유아에게 위험에 대해 인지시켜야 한다.

05. <보기>에서 설명하는 응급상황은?

> 6개월~4세 사이에 유아들의 뇌의 발달이 미성숙하고 뇌와 근육이 충격을 받아 응급상황이 발생한다. 원인으로는 뇌의 산소 부족, 뇌부종, 탈수, 뇌의 독소 침입, 유전적인 요인이 있다.

① 복통 ② 구토 ③ 고열 ④ 열성 경기

정답 ④ **해설** 보기는 열성 경기를 설명하고 있다.
① 복통 : 바이러스나 알레르기질환에 의해 발생한다. ② 구토 : 금식을 하고, 탈수 방지로 물만 먹는다. ③ 고열 : 병으로 인한 증상으로 우리 몸의 이상 신호이다.

06. 유아체육의 안전사고 예방에 관한 설명으로 옳지 않은 것은?
① 기둥과 모서리는 자연미를 최대한 살리도록 한다.
② 벽의 액자, 시계, 천장의 전등은 깨지지 않도록 고정하거나 보호장비를 설치한다.
③ 사용하지 않는 기구는 창고에 보관하고 기구 정리가 필요하다.
④ 지하일 때 환기와 제습에 유의한다.

정답 ① **해설** 기둥과 모서리는 충격완화 장치를 설치해야 한다.

07. 유아체육 지도 시 응급조치가 필요할 때 기본 원칙과 거리가 먼 것은?
① 미숙한 응급처치는 하지 않는다.
② 호흡곤란 유무를 확인한다.
③ 출혈 여부와 신체 손상 상태를 주의 깊게 살펴본다.
④ 전화로 112에 신속히 신고한다.

정답 ④ **해설** 119(응급의료 정보센터)나 129(보건복지콜센터)에 신속히 연락하여 구급차를 호출한다.

08. 신체활동 중 응급상황 시 행동 요령 순서로 옳은 것은? 2016
① 응급 상황 인지→도움 유무 결정→구급차 호출→부상자 진단→응급처치 실시
② 응급 상황 인지→부상자 진단→도움 유무 결정→응급처치 실시→구급차 호출
③ 응급 상황 인지→도움 유무 결정→부상자 진단→구급차 호출→응급처치 실시
④ 응급 상황 인지→부상자 진단→응급처치 실시→도움 유무 결정→구급차 호출

정답 ① **해설** 응급상황 행동 요령 순서는 외워두어야 한다. 응급 상황 인지→도움 유무 결정→구급차 호출→부상자 진단→응급처치 실시 등의 순으로 진행된다.

09. 유아가 외상으로 머리를 다쳤을 때, 일반적으로 나타나는 증상으로 적절하지 않은 것은? 2019
① 먹은 것을 내뿜듯이 토한다.
② 평소와 달리 아이가 늘어지거나 칭얼거리며 보챈다.
③ 식욕이 왕성해지고 신체 활동량이 증가한다.
④ 평소 보다 잠의 양이 눈에 띄게 늘어난다.

정답 ③ **해설** 식욕이 왕성해지지 않는다.

10. 발목부상의 처치 과정에 대한 설명으로 옳지 않은 것은? 2018

① 휴식(rest) : 부상 부위를 고정하고 안정을 취한다.
② 얼음찜질(ice) : 부상 부위에 얼음주머니를 대고 붕대를 감는다.
③ 압박(compression) : 탄성 붕대를 이용하여 압박한다.
④ 거양(elevation) : 다리를 심장보다 낮게 놓고 안정을 취한다.

정답 ④ **해설** 구급처치는 RICE기법을 활용한다. 거양(거상이라고도 함)은 상처 부위를 심장보다 높게 하여 과도한 출혈이나 붓는 것을 줄일 수 있다.

2024년 기출문제

01. 효과적 학습경험 설계를 위한 유아체육 지도자의 교수 전략으로 옳지 않은 것은?
① 각 유아에게 적합한 수준에서 연습할 수 있도록 개별화된 학습경험을 제공해야 한다.
② 유아의 실제 학습 시간(ALT)을 증가시킬 수 있는 환경을 조성해야 한다.
③ 유아의 능력 수준을 고려한 학습 과제를 제고하고, 연습 시간을 최대한 확보해 준다.
④ 새로운 기능 학습 시에는 수업 초반에 제시한 과제 수준을 일관되게 유지한다.

정답 ④ **해설** 새로운 기능 학습 시 초반의 과제 수준을 일관되게 유지하는 것은 바람직하지 않다.
용어 ATL : academic learning time으로, 실제 학습 시간을 의미한다.

02. 유아의 운동 기술 연습 시 지도자의 적합한 시범으로 옳지 않은 것은?
① 시범에서 언어적 표현을 보다 많이 활용할 때 더 효과적이다.
② 시범은 추가적 학습단서(learning cue)와 함께 제공될 때 더 효과적이다.
③ 다양한 각도에서 이루어진 시범을 통해 정확한 정보를 제공한다.
④ 자주 실수하는 동작에 대해 반복적인 시범을 보여준다.

정답 ① **해설** 말로 하는 것보다 교사의 행동으로 시범을 보이도록 한다. 언어적 표현을 많이 활용하는 것은 효과적이지 않다.

03. 유아 신체활동의 내적 참여동기를 증진시키는 효과적 교수 전략으로 옳지 않은 것은?
① 유아의 능력과 과제 난이도를 고려한 프로그램 제공을 통해 몰입을 돕는다.
② 학습 과제 범위 내에서 유아에게 자율적 선택권을 부여한다.
③ 활동적으로 참여하는 유아를 격려하고 칭찬한다.
④ 프로그램 내 과제 수준을 동일하게 제공한다.

정답 ④ **해설** 개인별로 차이가 있으므로 과제 수준을 동일하게 제공하는 것은 잘못된 것이다.

04. 유아의 지각-운동 발달에 관한 설명으로 옳지 않은 것은?
① 유아기는 지각-운동 발달의 최적기이다.
② 지각이란 감각 수용 세포가 자극으로 들어온 정보를 뇌로 전달하는 것을 뜻한다.
③ 지각-운동 발달은 아동의 운동 능력을 나타내는 중요 요소 중 하나이다.
④ 유아기의 지각-운동 학습경험이 많을수록 다양한 운동 상황에 반응하는 적응력이 발달된다.

정답 ② **오답 해설** 지각이란 감각기관을 통해 신체 외부의 사물을 인식하는 능력이다. ②는 신호 전달의 설명이다.

05. 보기가 설명하는 것은?

- 체온이 40℃ 이상으로 오른다.
- 땀을 전혀 흘리지 않거나 과도하게 많이 흘린다.
- 신체 내 열을 외부로 발산하지 못해 고체온 발생 및 중추신경계의 이상을 보인다.
- 신속한 체온감소 조치와 병원 후송이 필요하다.

① 일사병 ② 열사병 ③ 고체온증 ④ 열경련

정답 ② **해설** 체온이 40°C 이상의 증상은 열사병이다.
참고 체온 : 36.0~37.3°C가 정상, 37.4~37.9℃가 미열, 38~39.9°C는 발열, 40℃ 이상이면 고열로 분류한다.

06. 보기의 ㉠~㉢에 해당하는 설명과 유아체육 프로그램의 구성원리가 순서대로 올바르게 제시된 것은?

㉠	차기의 개념 학습 후, 정지된 공에서 빠르게 움직이는 공의 순으로 수업을 설계한다.
㉡	대근육 운동에서 소근육 운동으로 확장된 움직임 수업을 설계한다.
㉢	발달단계에 따른 민감기를 고려한 움직임 수업을 설계한다.

① 연계성, 전면성, 특이성
② 다양성, 방향성, 적합성
③ 연계성, 방향성, 적합성
④ 다양성, 적합성, 개별성

정답 ③ **해설** ㉠은 운동발달 프로그램은 신체 발달, 정서적·사회적 발달 등이 상호 연계되어야 한다는 연계성의 원리이다. ㉡은 성장과 발달은 일련의 방향성을 갖고 발달한다는 방향성의 원리이다. ㉢은 연령에 따라 민감기를 고려하여 적절하게 적용해야 한다는 적합성의 원리이다.

07. 보기의 ㉠~㉢에 들어갈 용어가 바르게 제시된 것은?

㉠	• 일정 시기가 되면 자연히 발생되는 양적인 변화 과정이다. • 신장, 체중, 신경 조직, 세포증식의 확대에 의한 증가를 뜻한다.
㉡	• 신체, 운동, 심리적 측면에서 전 생애에 걸쳐 일어나는 체계적이고 연속적인 변화를 뜻한다. • 변화하는 속도에는 개인차가 있으며, 상승적 변화뿐 아니라 하강적 변화도 포함한다.
㉢	• 기능을 더 높은 수준으로 발전할 수 있도록 하는 질적 변화를 뜻한다. • 신체적, 생리적 변화뿐 아니라 행동 변화까지 포함한다.

① 성숙, 발달, 성장
② 발달, 성숙, 성장
③ 성장, 발달, 성숙
④ 발달, 성장, 성숙

정답 ③ **해설** 발달이란 신체의 질적·양적 변화를 말하고, 성장 : 발달 과정에서 일어나는 키, 몸무게, 체격 등의 양적 변화를 나타내며, 성숙은 신체적 성장을 바탕으로 한 정신적 또는 질적 변화를 말한다.

08. 보기는 대근 운동발달 검사-Ⅱ(Test of Gross Motor Development-Ⅱ, TGMD-Ⅱ)의 영역별 검사항목이다. ㉠, ㉡에 들어갈 항목이 순서대로 바르게 연결된 것은?

구분	영역	세부 검사항목
대근 운동 기술	이동 기술	달리기, 제자리멀리뛰기, 외발뛰기(hop), (㉡), 입술(IAP), 슬라이드(slide)
	(㉠) 기술	공 던지기(over-hand throw), 공 받기, 공 치기(striking), 공 차기, 공 굴리기, 공 튕기기(dribble)

① 안정성, 갤럽(gallop)
② 물체 조작, 피하기(dodging)
③ 안정성, 피하기(dodging)
④ 물체 조작, 갤럽(gallop)

정답 ④ **해설** TGMD-Ⅱ는 이동 기술(7가지)과 물체 조작기술(5가지)로 검사한다.
참고 갤로핑 : 한쪽 발로 걷거나 뛰어오르면 뒷발이 따라오는 형태의 이동 기술이다.

09. 보기는 인지발달 관점에 따른 주요 이론의 내용이다. ㉠~㉣에 들어갈 용어가 순서대로 바르게 제시된 것은?

이론	발달단계	주요 개념	인지발달 방향
인지발달 단계이론	감각운동기 전조작기 구체적 조작기 (㉡)	(㉢) 동화 조절	내부 → 외부
(㉠)	연속적 발달단계	내면화 (㉣) 비계설정	외부 → 내부

① 정보처리 이론, 형식적 조작기, 부호화, 기억기술
② 사회문화적 이론, 형식적 조작기, 평형화, 근접발달영역
③ 정보처리 이론, 성숙적 조작기, 부호화, 근접발달 영역
④ 사회문화적 이론, 성숙적 조작기, 평형화, 기억기술

정답 ② **해설** 피아제의 인지발달 단계이론과 비고츠키의 사회문화적 이론(=상호작용 이론)을 설명하면서 일부를 ( )로 비워놓은 유형이다. 인지발달 단계이론의 주요 개념은 동화, 조절, 평형화이고, 사회문화적 이론은 내면화, 근접 발달 영역(ZPD, zone of proximal development), 비계설정(Scaffolding)이 주요 개념이다.

10. 반사 움직임 시기의 '정보 부호화 단계(information encoding stage)'에 대한 설명으로 옳지 않은 것은?

① 피질의 발달과 특정 환경적 억제 요인의 감소 현상이 일어난다.
② 태아기를 거쳐 생후 약 4개월까지 관찰될 수 있는 불수의적 움직임의 특징을 보인다.
③ 뇌 중추는 다양한 강도와 지속시간을 가진 여러 자극에 대해 불수의적 반응을 유발할 수 있다.
④ 뇌하부 중추는 운동 피질보다 더 많이 발달하며 태아와 신생아의 움직임을 제어하는데 필수적이다.

정답 ① **해설** 1) 갤라휴의 운동 발달 모형에서 반사 움직임 단계는 정보 부호화 단계와 정보 해독 단계로 나눈다. 2) 정보 부호화 단계는 생후부터 4개월 정도의 기간으로, 반사가 불수의적으로 일어난다. 3) 반사는 피질에서 제어되는 움직임으로, 빛, 소리, 접촉 등에 반응한다. 이는 환경적 억제 요인으로 작용하므로 ①에서 억제 감소 현상이 일어난다는 것은 잘못된 설명이다.

11. 체육과 교육과정(2022)에서 추구하는 핵심적인 신체활동 역량의 내용이 아닌 것은?

① 움직임 수행 역량 : 운동, 스포츠, 표현 활동 과정에서 동작에 필요한 지식, 기능, 태도를 다양한 상황에 적용하며 발달한다.
② 건강관리 역량 : 체육과 내용 영역에서 학습한 신체활동을 일상생활에서 실천하며 함양한다.
③ 신체활동 문화 향유 역량 : 각 신체활동 형식의 특징을 이해하고 인류가 축적한 문화적 소양을 내면화하여 공동체 속에서 실천하면서 길러진다.
④ 자기 주도성 역량 : 신체적으로 활동적인 삶을 사는 데 필요한 움직임을 다양한 환경에서 수행하고 적용함으로써 길러진다.

정답 ④ **해설** 교육부가 2022년 개정한 체육 과목 핵심 역량은 1) 움직임 수행 역량 2) 건강관리 역량 3) 신체활동 문화 향유 역량 등이다.

12. 보기의 지도자별 교수 방법이 바르게 연결된 것은?

> A 지도자 : 콘을 지그재그로 통과하면서 드리블 하는 시범을 보이고 따라 하게 유도한다. 실수 하거나 느린 아이들은 지적하면서 동작을 수정해 준다.
> B 지도자 : 아이들이 개별적으로 볼을 가지고 놀면서 자유롭게 드리블을 하게 한다. 모든 공간을 쓸 수 있게 허용한다. 어떠한 신체 부위를 사용하든지 관여하지 않는다.
> C 지도자 : 인사이드 드리블, 아웃사이드 드리블 등 다양한 유형의 기술을 시범 보인다. 이후에 아이들이 자신이 좋아하거나 잘하는 기술 위주로 자유롭게 선택하여 연습할 수 있도록 유도한다.
> D 지도자 : 활동 전 아이들에게 어떻게 하면 콘을 건드리지 않고 드리블해 나갈 수 있을지를 질문한 후 실제 활동을 하게 한다. 이후 다양한 수준을 가진 아이들의 수행을 관찰하게 한다.

① A 지도자 : 탐색적(exploratory) 방법
② B 지도자 : 과제 중심 접근(task-oriented) 방법
③ C 지도자 : 지시적 교수법(command style teaching)
④ D 지도자 : 안내-발견적(guide-discovery) 방법

정답 ④ **오답 해설** ① A 지도자는 지시적 방법이다. ② B 지도자는 탐구적 방법이다. ③ C 지도자는 과제 제시형 방법이다.

13. 보기는 퍼첼(M. Percell)이 제시한 동작 교육과정에 관한 내용이다. ㉠~㉣에 해당하는 용어가 바르게 연결된 것은?

> • (㉠) : 전신의 움직임, 신체 부분의 움직임
> • (㉡) : 수준, 방향
> • (㉢) : 시간, 힘
> • (관계) : 파트너/그룹 기구·교수 자료

① 공간 인식, 노력, 신체 인식
② 신체 인식, 공간 인식, 노력
③ 노력, 신체 인식, 공간 인식
④ 신체 인식, 노력, 공간 인식

정답 ② **해설** 퍼첼은 동작 구성은 신체 인식, 공간 인식, 노력, 관계 등이 기본 요소이다.

14. 보기는 인간 행동의 '역학적 요인'이다. ㉠~㉢에 들어갈 용어가 순서대로 바르게 연결된 것은?

> • 안정성 요인 : 중력 중심, 중력선, (㉠)
> • 힘을 가하는 요인 : 관성, (㉡), 작용/반작용
> • 힘을 받는 요인 : 표면적, (㉢)

① 지지면, 가속도, 거리 ② 가속도, 거리, 지지면
③ 지지면, 거리, 가속도 ④ 거리, 가속도, 지지면

정답 ① **해설** 운동에 작용하는 힘은 1) 안정성 요인은 중력선과 중력 중심, 지지면이고, 2) 힘을 가하는 요인은 관성과 2) 물체에 힘을 가하는 요인은 관성과 가속도, 작용-반작용이며, 3) 힘을 받는 요인은 표면적과 거리이다.

15. 표는 미국스포츠의학회(ACSM, 2022)의 '어린이와 청소년을 위한 FITT(빈도, 강도, 시간, 행태) 권고사항'이다. ㉠~㉢에 들어갈 용어가 바르게 연결된 것은?

구분	유산소운동	저항운동	뼈 강화 운동
형태	여러 가지 스포츠를 포함한 즐겁고 (㉠)에 적절한 활동	신체활동은 (㉡) 되지 않은 운동이나 (㉡)되고 적절하게 감독할 수 있는 활동으로 구성	달리기, 줄넘기, 농구, 테니스 등과 같은 활동
시간	하루 (㉢) 이상의 운동시간이 포함되도록 함		

① 기술 향상, 분절화, 60분
② 성장 발달, 분절화, 40분
③ 성장 발달, 구조화, 60분
④ 기술 향상, 구조화, 40분

정답 ③ **해설** 유산소운동은 성장 발달에 적절한 활동이며, 저항운동은 구조화되었거나, 구조화되지 않은 활동이고, 뼈 저항운동이며, 1일 60분 이상이 포함되어야 한다.

16. 기본 움직임 과제들의 '기술 내 발달 순서(interaskill sequences)'에 관한 설명으로 옳지 않은 것은?
① 기본 움직임 패턴에서 신체 부위들의 발달 속도는 서로 다를 수 있다.
② 기본 움직임 기술의 습득 및 성숙은 과제·개인·환경요인들에 영향을 받는다.
③ 움직임 기술의 발달단계 구분은 움직임 패턴의 특수성이나 관찰자의 정교함에 영향을 받지 않는다.
④ 갤러휴(D, Gallaheu)와 클레랜드(F. Cleland)는 운동 기술의 발달 순서에 대해 시작, 초보, 성숙으로 분류하였다.

정답 ③ **오답 해설** 기본 움직임 단계에서 움직임 패턴의 특수성은 관찰자의 정교함에 영향을 받는다.

17. '국민체력 100'에서 제시하는 유아기 체력 측정에 관한 설명으로 옳은 것만 모두 고른 것은?

> ㄱ. 체력 측정은 건강 체력과 운동 체력 항목으로 나뉜다.
> ㄴ. 건강 체력 측정의 세부 항목으로는 10m 왕복 오래달리기, 상대 악력, 윗몸 말아 올리기, 앉아 윗몸 앞으로 굽히기 등이 있다.
> ㄷ. 운동 체력 측정의 세부 항목으로는 5mx4 왕복 달리기, 제자리 멀리 뛰기, 3x3 버튼 누르기 등이 있다.

① ㄱ, ㄴ ② ㄱ, ㄷ ③ ㄴ, ㄷ ④ ㄱ, ㄴ, ㄷ

정답 ④ **해설** 국민체력 100의 유아기 체력 측정 항목은 보기 내용 모두가 옳다.

18. 유소년 운동프로그램 구성의 기본 원리에 대한 설명으로 옳은 것만을 모두 고른 것은?

> ㄱ. 가역성의 원리 : 운동을 중단하면 운동의 효과가 없어지므로 꾸준히 지속하는 것이 중요하다.
> ㄴ. 전면성의 원리 : 운동을 부상 없이 효과적으로 수행하기 위해서는 운동강도 및 운동량을 점차적으로 증가시켜야 한다.
> ㄷ. 점진성의 원리 : 신체의 특정 부위에 치중하지 않고 전신운동을 통해 신체를 균형 있게 발달시킨다.
> ㄹ. 과부하의 원리 : 운동강도가 일상적인 활동보다 높아야 체력이 증진된다.

① ㄱ, ㄹ ② ㄴ, ㄷ ③ ㄱ, ㄷ, ㄹ ④ ㄴ, ㄷ, ㄹ

정답 ① **오답 해설** ㄴ. 전면성의 원리는 신체의 특정 부위보다는 신체 전체의 밸런스를 생각하며 운동을 진행해야 한다. ㄷ. 점진성의 원리는 운동량은 점진적으로 증가해 나가는 것을 말한다.

19. 표는 갤러휴(D, Gallaheu)의 운동에 대한 2차원 모델이다. ㉠~㉢에 들어갈 내용이 순서대로 바르게 연결된 것은?

운동 발달 단계	움직임 과제의 의도된 기능		
	안정성	이동	조작
반사 움직임 단계	직립 반사	걷기 반사	(㉢)
초보 움직임 단계	(㉠)	포복하기	잡기
기본 움직임 단계	한발로 균형잡기	걷기	던지기
전문화 움직임 단계	축구 페널티킥 막기	(㉡)	야구 공치기

① 포복하기, 축구 골킥하기, 손바닥 파악 반사
② 머리와 목 제어, 육상 허들넘기, 손바닥 파악 반사
③ 포복하기, 육상 허들넘기, 목 가누기 반사
④ 머리와 목 제어, 축구 골킥하기, 목 가누기 반사

정답 ② **해설** 반사 움직임 단계는 직립 반사, 걷기 반사, 손바닥 파악 반사 등이다. 초보 움직임 단계는 머리·목·몸통 등의 제어와 움직임 등이고, 전문화 움직임 단계는 축구 페널티킥 막기, 야구 공치기, 육상 허들넘기 등이다.

20. 보기의 동작에서 성숙 단계로 발달하도록 지도하는 방법으로 적절하지 않은 것은?

① 두 발을 벌리고, 내민 발의 반대편 손을 앞으로 내밀어 드리블하도록 지도한다.
② 허리 높이에서 몸통을 약간 앞으로 기울여 드리블하도록 지도한다.
③ 공을 튀길 때 손목 스냅을 이용하여 공을 바닥 쪽으로 밀어내도록 지도한다.
④ 공을 튀길 때 손바닥으로 공을 때리도록 지도한다.

정답 ④ **오답 해설** 손 드리블의 성숙 단계에서는 팔과 손목, 손가락이 함께 공을 바닥 쪽으로 밀어야 한다.

2023년 기출문제

01. 영유아기 뇌 발달에 대한 설명으로 옳지 않은 것은?
① 대뇌피질은 출생 이후에도 발달한다.
② 3세의 뇌 무게는 성인의 75% 정도이다.
③ 6세경 뇌 무게는 성인의 90% 정도에 도달한다.
④ 뇌는 영유아기까지 완만하게 발달하다 이후에는 급격히 발달한다.

정답 ④ **해설** 두뇌는 영유아기에 급속히 발달하다가, 유소년기 이후에는 완만하게 발달한다.

02. 영유아의 시 지각(visual perception)에서 '형태(form)' 지각에 대한 설명으로 옳지 않은 것은?
① 신생아는 형태를 지각할 수 있으며 직선보다 곡선을 더 선호하는 것으로 알려졌다.
② 모양을 구별하고 여러 가지 양식들을 분간할 수 있는 능력이다.
③ 자신으로부터 대상이 떨어져 있는 거리를 판단하는 능력이다.
④ 생후 6개월경에 급속히 발달한 후에 정교해진다.

정답 ③ **해설**

03. 기본 움직임 기술(fundamental movement skills: FMS)과 움직임 양식과의 연결이 옳지 않은 것은?
① 조작 운동 : 굽히기(bending), 늘리기(stretching), 직립 균형(upright balance)
② 조작 운동 : 때리기(striking), 튀기기(bouncing), 되받아치기(volleying)
③ 이동운동 : 걷기(walking), 호핑(hopping), 스키핑(skipping)
④ 이동운동 : 점핑(jumping), 출렁임(galloping), 슬라이딩(sliding)

정답 ① **해설** 굽히기, 늘리기, 직립 균형은 안정성 운동이다.

04. 유아체육 지도 환경 조성 원칙에 따른 내용이 옳지 않은 것은?
① 흥미성 : 호기심, 모험심 등을 표현할 수 있는 지도 환경 조성
② 안전성 : 부드러운 마감재나 바닥 재질, 공간의 벽 등을 고려한 지도 환경 조성
③ 필요성 : 음향 시설, 냉난방시설, 활동공간의 크기 등을 고려한 지도 환경 조성
④ 경제성 : 설비나 용구로 인한 건강 저해나 활동의 위험성이 없도록 지도 환경 조성

정답 ④ [해설] 경제성은 사용 용기구의 견고함, 반영구적 재료, 시공 시간과 비용의 경제성을 고려해야 한다.

05. 전문화된(specialized) '움직임 시기의 적용(application)' 단계에 대한 설명으로 옳지 않은 것은?
① 특정 활동을 찾거나 기피하기 시작한다.
② 움직임 수행의 정확성과 더불어 양적 측면이 강조된다.
③ 다양한 과제, 개인, 환경요인 등을 토대로 어떤 활동에 참여할 것인지를 결정한다.
④ 인지 능력이 저하되고 경험 토대가 축소되면서 많은 것을 학습하기가 어려워진다.

정답 ④ [해설] 전문화 운동단계에서는 1) 특정 운동을 선호하거나, 기피하기 시작하고, 2) 운동수행의 정확성이 향상되며, 양적 증가와 함께 운동 다양성이 증가한다.

06. 보기에서 유소년 신체활동을 통한 자기개념(self-concept) 발달에 대한 설명으로 옳은 것을 모두 고른 것은?

| ㉠ 움직임은 긍정적인 자기개념을 촉진시킬 수 있는 최상의 방법이다.
| ㉡ 유소년에게 용기를 북돋아 주고 생활에 모험활동이 포함되도록 한다.
| ㉢ 자신들의 한계 내에서 합리적인 수행목표를 세울 수 있도록 도와준다.
| ㉣ 실패의 가능성을 높이고 실패와 실패 지향적 경험들을 많이 제공한다.

① ㉠   ② ㉠, ㉣   ③ ㉡, ㉢   ④ ㉡, ㉢, ㉣

정답 ③ [해설] 유소년기에는 자신들의 한계 내에서 합리적 목표를 세울 수 있도록 도와주고, 용기를 갖게 하며, 건전한 자아의식을 형성시키도록 해야 한다.

07. 보기의 ㉠~㉢에 들어갈 용어를 순서대로 옳게 나열한 것은?

- 피카(R. Pica)는 동작 요소를 (㉠), 형태, (㉡), 힘, 흐름, 리듬으로 구성된다고 하였다.
- 퍼셀(M. Purcell)은 (㉠) 인식, 신체 인식, 노력, (㉢) 같은 동작 요소에 대한 이해를 바탕으로 이를 응용 영역에 적용시킬 수 있어야 한다고 하였다.

① 공간, 시간, 관계   ② 저항, 속도, 무게
③ 공간, 관계, 시간   ④ 무게, 속도, 저항

정답 ① [해설] 피카는 동작 요소로, 공간, 형태, 관계, 힘, 흐름, 리듬으로 구성되고, 퍼셀은 동작 요소로 공간 인식, 신체 인식, 노력, 관계와 동작 요소를 갖고 있다.

08. 표의 ㉠ ㉡에 들어갈 기본 움직임 기술의 발달단계를 순서대로 바르게 제시한 것은?

단계	(㉠)	(㉡)
움직임 기술	물구나무서기	공 차기
설명	• 삼각 지지를 통한 물구나무서기 가능 • 일정하지 않은 균형점을 보이고, 간혈적으로 자세를 오랫동안 유지함 • 감각적으로 사지의 위치를 살피려고 노력함	• 차기 동작 동안 양팔 흔들기가 나타남 • 팔로우 스로우가 이루어지는 동안 몸통이 허리까지 굽혀짐 • 다리 스윙이 길어지고, 달리거나 껑충 뛰어서 공에 다가감

① 시작, 시작　　② 시작, 성숙
③ 초보, 초보　　④ 초보, 성숙

정답 ④ **해설** ㉠은 일부 제한적이거나 과장이 나타나므로, 초보 단계이고, ㉡은 운동이 효율적으로 수행되며, 신체 제어와 협응성이 향상되었으므로 성숙 단계이다.

09. 에릭슨(E. Erikson)이 제시한 심리사회 발달단계에 관한 내용의 연결이 적절하지 않은 것은?

① 신뢰감 대 불신감 : 정체감을 확립하지 못한 경우 자신감을 가지지 못함
② 자율성 대 수치 회의 : 근육 발달을 조절할 수 있으며 자기 주위를 탐색함
③ 주도성 대 죄의식 : 목표나 계획을 세워 성공하고자 노력함
④ 근면성 대 열등감 : 기초적인 인지 기술과 사회적 기술을 습득함

정답 ① **해설** 신뢰감 대 불신감은 타인에 대한 기본적 믿음과 자신의 가치에 대한 느낌의 시기이다. 정체감을 확립하지 못하면 5단계 정체감 대 혼돈이다.

10. 보기에서 동일한 유형의 반사(reflex)나 반응(reaction)인 것을 고른 것은?

㉠ 모로(Moro)
㉡ 당김(pull-up)
㉢ 목 가누기(neck righting)
㉣ 바빈스키(Babinski)
㉤ 비대칭 목 경직(asymmetrical tonix neck)
㉥ 낙하산(parachute)

① ㉠, ㉡, ㉥　　② ㉠, ㉣, ㉤
③ ㉡, ㉢, ㉣　　④ ㉡, ㉢, ㉤

정답 ② **해설** 모로반사는 깜짝 놀라 팔, 다리, 손가락이 활짝 펴진 다음 양팔을 포옹하듯 안기려고 하고, 비대칭 목 경직 반사와 목 가누기 반사는 얼굴을 한쪽으로 돌려 눕히면 얼굴을 향하는 쪽 팔을 뻗고, 반대편 팔을 움츠려 펜싱 선수 모습을 취한다. 모두 위협에 대해 어머니에게 안기려는 반응이다.

11. 보기에서 영유아 기도 폐쇄 응급처치에 관한 설명으로 옳은 것을 모두 고른 것은?

㉠ 1세 미만의 경우 등 두드리기 및 흉부 압박이 권장된다.
㉡ 의식이 없는 경우 혀에 의한 기도 폐쇄가 있는지 확인한다.
㉢ 등 두드리기를 할 때 머리를 가슴보다 낮게 하고, 안은 팔 허벅지에 고정시킨다.
㉣ 흉부를 압박할 때 등을 받치고 머리를 가슴보다 낮게 하여, 안은 팔을 무릎 위에 놓는다.

① ㉠, ㉡　　② ㉠, ㉢
③ ㉡, ㉢, ㉣　　④ ㉠, ㉡, ㉢, ㉣

정답 ④ **해설** 등 두드리기 및 가슴 압박이 권장되고, 입속에 이물질 존재 여부 확인과 제거, 의식이 없으면 기도 폐쇄 여부를 확인한다.

12. 표에서 체력의 구분 및 요소 검사 방법의 연결이 옳은 것을 고른 것은?

	구분	체력 요소	검사 방법
㉠	건강체력	순발력	모둠 발로 멀리뛰기
㉡	건강체력	심폐지구력	셔틀(페이서, PACER)
㉢	운동체력	평형성	평균대 위에서 한발로 서기
㉣	건강체력	유연성	1분간 앉았다 일어나기

① ㉠, ㉢ ② ㉠, ㉣ ③ ㉡, ㉢ ④ ㉡, ㉣

정답 ③ **해설** ㉠ 순발력은 건강 체력이 아니고, 운동 체력이다. ㉣ 유연성 검사는 '앉아 윗몸 앞으로 굽히기'이다. ㉡의 PACER는 왕복 오래달리기(셔틀런 방식)로 심폐지구력을 검사하는 방법이지만 유아체육에서 다루어지는 부분이 아니므로, 시험 문제로는 적합하지 않다.

13. 초등체육 교육과정의 3~4학년 군 성취 기준에 대한 내용으로 옳지 않은 것은?
① 체력 운동이나 스포츠 활동보다 신체를 인식하고 움직이는 기초적인 이동운동을 한다.
② 기본 체력 운동의 방법과 절차를 익히며 자신의 수준에 맞는 운동을 시도한다.
③ 기본 움직임 기술의 의미와 종류를 이해하고 스포츠와의 관계를 파악한다.
④ 움직임의 심미적 표현에 대한 호기심과 감수성을 나타낸다.

정답 ① **해설** ①의 설명에서 움직이는 기초적인 이동운동은 초보 운동단계로, 초등학교 2~3학년군의 교육과정이 아니다.

14. 스포츠 기술에 반영된 조작 운동과 지각운동 구성 요소의 연결이 옳은 것은?

	스포츠 기술	조작 운동	지각운동 구성 요소
①	골프공 때리기, 축구공 차기	추진	안정
②	농구 패스 잡기, 핸드볼 패스 잡기	추진	공간
③	티볼 펀팅, 탁구공 되받아치기	흡수	시간
④	축구 패스 공 멈추기, 야구 공중볼 받기	흡수	공간

정답 ④ **해설** ①은 정지된 상태에서 추진 운동이지만 지각운동 구성요소는 공간이다. ② 움직이는 공을 잡으면 흡수 조작 운동이다. ③ 탁구공 되받아치기는 추진 조작 운동이다.

15. 보기의 대화에서 ㉠, ㉡에 들어갈 유아체육 프로그램 기본권리와 교수 방법은?

> A 지도자 : 저는 수업에서 유아 간에 체력이나 소질 같은 개인차가 발생하는 부분이 늘 고민이었어요. 운동프로그램 구성을 위한 원리 같은 것이 있을까요?
> B 지도자 : (㉠)의 원리 같은 경우가 적용될 수 있을 것 같아요. 이 원리는 일반화된 특성뿐만 아니라 유전과 환경요인 같은 개인차를 고려하는 것을 말해요.
> A 지도자 : 그렇다면 유아가 창의성 있게 자발적으로 참여하게 하는 지도 방법은 어떤 것이 있을까요?
> B 지도자 : (㉡) 방법이 효과적일 것 같아요. 이 방법은 유아 스스로의 실험과 문제해결, 자기 발견을 통해 학습이 일어나는 과정을 강조하는 방법이에요.

① 특이성, 탐색적(exploratory)
② 특이성, 과제 중심 접근(task-oriented)
③ 연계성, 탐색적(exploratory)
④ 연계성, 과제 중심 접근(task-oriented)

정답 ① **해설** ㉠은 일반화된 특성뿐만 아니라 유전과 환경요인 같은 개인차를 고려하는 특이성의 원리이다. ㉡은 유아체육의 교수 방법으로, 스스로 학습을 하는 과정은 탐색적 교수 방법이다.

16. 기본 움직임 기술에 대한 대근운동 발달검사(TGMD)에서 검사항목과 수행 기준이 적절하지 않은 것은?

기본움직임 기술	검사항목	수행 기준
① 이동운동	달리기 (15m)	팔꿈치를 구부리고 팔과 다리는 엇갈려 움직인다.
② 이동운동	제자리멀리뛰기	던지는 팔의 반대쪽 발을 내디디며, 무게를 이동시킨다.
③ 조작 운동	던지기(over-hand throw)	엉덩이와 어깨를 목표지점을 향하여 회전시킨다.
④ 조작 운동	공차기	디딤발로 외발뛰기를 하면서 차는 발을 길게 뻗는다.

정답 ② **해설** 이동운동의 제자리멀리뛰기의 수행 기준은 조작 운동의 던지기 수행 기준의 설명이다.

17. 미국 질병통제예방센터(CDC)가 제시한 연령별 신체활동 가이드라인으로 옳지 않은 것은?
① 미취학 아동에게 성장과 발달을 위해 일정 시간 이상의 신체활동이 권장된다.
② 미취학 아동의 보호자는 제한적인 활동유형의 소근육 위주 놀이를 장려해야 한다.
③ 어린이와 청소년에게 매일 60분 이상의 중강도 신체활동을 장려해야 한다.
④ 어린이와 청소년들에게 연령에 적합하며 즐겁고, 다양한 신체활동에 참여할 수 있는 기회와 격려의 제공이 권장된다.

정답 ② **해설** '유아기 제한적 활동의 소근육 위주 놀이를 장려해야 한다.'가 오답 찾기의 정답이다.

18. 유치원 체육수업에서 실제 학습 시간(ALT)을 증가시킬 수 있는 공간 구성 전략으로 옳지 않은 것은?
① 유아의 호기심 및 모험심 등을 표현할 수 있는 환경 조성을 추구한다.
② 유아의 주의집중을 위해 체육시설이나 기구를 효율적으로 배치한다.
③ 운동이 익숙해지는 시기에는 순환식보다 병렬식 위주로 기구를 배치한다.
④ 수업 중인 신체활동과 관련 없는 놀잇감 배치를 지양한다.

정답 ③ **해설** 운동기구 배치에서 기구가 익숙해질 때까지 팀을 나누어 병렬식으로 배치하고, 익숙해지면 순환식 배치를 권장한다.

19. 아래 표는 미국스포츠의학회(ACSM)의 '어린이와 청소년을 위한 FITT(빈도, 강도, 시간, 형태) 권고사항'이다. ㉠~㉢에 들어갈 용어를 순서대로 바르게 연결한 것은?

구분	(㉠) 운동	(㉡) 운동	(㉢) 운동
빈도	고강도 운동을 최소 주 3일 이상 포함되도록 함	주 3일 이상	주 3일 이상
강도	중강도에서 고강도	체중 또는 8~15회 반복 가능한 무게	충격이나 기계적 부하와 같이 부하를 주는 신체활동이나 운동 자극

① 무산소, 심폐 체력, 평형성
② 유산소, 저항, 평형성
③ 유산소, 저항, 뼈 강화
④ 유산소, 뼈 강화, 저항

정답 ③ **해설** ACSM의 어린이와 청소년을 위한 FITT는 유산소운동과 저항성 운동, 뼈 강화 운동이다.

20. 유소년 체육활동에서 체온조절과 관련된 내용으로 지도자가 고려해야 할 사항으로 옳지 않은 것은?
① 적당한 온도 및 습도가 유지된 환경을 조성해야 한다.
② 체온조절을 위해 가능한 더운 공간에서의 활동을 장려한다.
③ 더운 여름철의 체육활동에는 적절한 수분 보충을 장려한다.
④ 유소년은 체육활동 시 성인에 비해 열을 빨리 획득하게 된다는 것을 인지한다.

정답 ② 해설 체온조절과 관련하여 온도와 습도가 적절하게 유지된 환경을 조성하고, 적절한 수분을 보충해야 하며, 유아와 유소년은 성인보다 열 적응에 취약한 것을 고려해야 한다.

2022년 기출문제

01. 영·유아기의 발달에 대한 설명으로 적절하지 않은 것은?
① 말초신경이 먼저 발달한 다음 중추신경이 발달한다.
② 특정 능력이나 행동의 발달에 최적인 시기가 존재한다.
③ 발달은 일정한 순서로 이루어지지만, 발달 속도에는 개인차가 있다.
④ 소근육 운동의 발달은 눈과 손이 협응하여 손기술을 정확하게 구사하는 능력으로, 중추신경계통의 성숙을 의미한다.

정답 ① 해설 발달은 중추신경이 먼저 발달하고 다음 말초신경이 발달한다.

02. 유아기의 운동프로그램 구성을 위해 고려해야 할 사항으로 적절하지 않은 것은?
① 다양한 기본 움직임 경험보다 복합적이고 정교한 동작 수행에 중점을 두어 구성한다.
② 협응성 운동 시, 속도나 민첩성의 요소가 연계되지 않도록 한다.
③ 운동수행의 성공 빈도를 높일 수 있도록 프로그램을 구성한다.
④ 간단한 움직임에서 복잡한 움직임으로 진행되도록 구성한다.

정답 ① 해설 유아기 운동 구성의 유의 사항은 간단한 움직임에서 복잡한 움직임으로 진행되도록 구성해야 한다.

03. 발달단계에 따른 유소년체육 프로그램 구성 시, 고려해야 할 사항으로 적절하지 <u>않은</u> 것은?

① 대근육에서 소근육으로의 발달단계를 고려하여 구성한다.
② 기본 움직임 단계에서는 다양한 안정성, 이동 및 조작 움직임을 습득하도록 구성한다.
③ 기본 움직임 단계는 협응력이 발달되는 중요한 시기이므로, 다양한 움직임 경험을 갖도록 구성한다.
④ 기본 움직임에서 전문화된 움직임으로의 전환(transition) 단계에서는 움직임 수행의 형태, 기술, 정확성과 더불어 양적 측면을 강조하여 구성한다.

정답 ④ **해설** 유소년 운동프로그램을 구성할 때 기본 운동에서 전문화된 운동으로 전환할 때 운동수행 형태, 기술, 정확성 등은 양적 보다 질적 측면이 강조되어야 한다.

04. <보기>에 들어갈 인지발달 이론의 요소가 순서대로 바르게 나열된 것은?

- (㉠) : 새로운 경험과 자극이 유입되었을 때, 기존에 가지고 있는 도식을 사용하여 해석한다.
- (㉡) : 기존의 도식으로는 새로운 사물이나 사건을 이해할 수 없을 때, 새로운 사물이나 대상에 맞도록 기존의 도식을 변경한다.
- (㉢) : 현재의 조직들이 상호작용하며 효율적인 체계로 결합하여 더 복잡한 수준의 지적 구조를 이루는 과정이다.

① 조절, 동화, 적응 ② 적응, 조절, 조직화
③ 동화, 조절, 조직화 ④ 동화, 조직화, 적응

정답 ③ **해설** 동화는 새로운 정보나 자극이 유입되면 기존 도식을 사용하여 해석하며, 조절은 기존 도식으로 새로운 현상을 이해할 수 없을 때 새로운 현상에 적합하도록 도식을 바꾸며, 상호작용을 통해 복잡한 수준의 지적 구조를 이루어 가는 것은 조직화이다.

05. <보기>에서 유소년의 전문화된 운동 기술 연습 시, 인지 단계(cognitive stage)의 지도 전략에 해당하는 것으로 가장 적절한 것은?

㉠ 스스로 자신의 운동수행을 평가할 기회를 제공한다.
㉡ 복잡한 운동 기술은 여러 단계로 구분하여 지도한다.
㉢ 운동의 목적과 요구되는 기술을 명확히 설명해 준다.
㉣ 다양한 기술과 연계지어 동작의 형태를 바꾸는 전략을 찾게 한다.

① ㉡, ㉢ ② ㉠, ㉣ ③ ㉡, ㉣ ④ ㉠, ㉢

정답 ① **해설** 전문화 운동단계는 기본 운동단계에서 발전한 단계로, 세련된 운동이 가능하고, 일상생활, 기본적 운동 기술에서 복잡한 활동에 응용할 수 있으며, 운동의 목적과 요구되는 기술을 명확히 설명해야 하며, 운동수행에 대해 스스로 평가할 수 있다.

06. <보기>에 들어갈 유아의 기본 움직임 발달단계가 순서대로 바르게 나열된 것은?

- (㉠) : 기본적인 움직임을 보이지만, 협응이 원활하지 않아 움직임이 매끄럽지 못하다.
- (㉡) : 기본 움직임에 대한 제어와 협응이 향상되지만, 신체 사용이 비효율적이다.
- (㉢) : 움직임의 수행이 역학적으로 효율성을 갖게 되어 협응과 제어가 향상된다.

① 시작 단계, 전환 단계, 전문화 단계
② 초보 단계, 성숙 단계, 전문화 단계
③ 시작 단계, 초보 단계, 성숙 단계
④ 초보 단계, 적용 단계, 성숙 단계

정답 ③ **해설** 기본 운동단계는 입문(시작) 단계 → 초보 단계 → 성숙 단계로 이어지고, 보기는 순서대로 나열되어 있다.

07. 안정성(stability) 운동 기술 중 축성(axial) 움직임만으로 나열된 것은?
① 구르기, 늘리기, 흔들기
② 늘리기, 비틀기, 흔들기
③ 구르기, 비틀기, 거꾸로 균형
④ 비틀기, 흔들기, 거꾸로 균형

정답 ② **해설** 축성 운동은 몸의 어느 한 부위를 중심축으로 하여 움직이는 운동으로, 굽히기, 늘리기, 비틀기, 돌기, 흔들기 등이다. 구르기는 정적 안정성 운동, 거꾸로 균형은 동적 안정성 운동이다.

08. 운동발달에 대한 검사와 평가에 관한 설명으로 적절하지 않은 것은?
① 운동발달 검사는 전반적인 운동발달 상황을 확인할 수 있는 유용하고 객관적인 지표를 제공한다.
② 평가는 내용에 따라 규준 지향평가와 준거 지향 평가로 나뉘고, 기준에 따라 결과 지향평가와 과정 지향 평가로 나뉜다.
③ 평가 결과는 특정 기술 수행에서 결여된 부분을 확인하고 그 원인을 파악해 프로그램의 구체적인 목표를 설정할 수 있게 한다.
④ 대근운동 발달검사(Test of Gross Motor Development)는 만 3~10세 아동을 대상으로 한 이동 및 조작 운동 기술에 대한 검사 도구이다.

정답 ② **해설** 평가 방법은 기준에 따라 규준 지향평가와 준거 지향 평가로 나누고, 내용에 따라 결과 지향평가와 과정 지향 평가로 구분한다.

09. 국립중앙의료원(2010)이 제시한 어린이·청소년 신체활동 권장 사항이 아닌 것은?
① 인터넷, TV, 게임 등을 위해 앉아서 보내는 시간은 하루 2시간 이내로 한다.
② 일주일에 3일 이상 유산소운동, 근육 강화 운동, 뼈 강화 운동을 한다.
③ 운동강도 조절을 위해 놀이 공간의 안전성은 고려하지 않는다.
④ 매일 1시간 이상 운동을 한다.

정답 ③ **해설** 국립중앙의료원 제시 어린이·청소년 신체활동 권장 사항은 큰 근육을 오래 사용하는 유산소운동과 팔굽혀 펴기, 윗몸 일으키기, 역기 들기, 아령, 철봉, 평행봉, 암벽 타기 등의 근육 강화 운동, 발바닥에 충격이 가해지는 줄넘기, 점프, 달리기, 농구, 배구, 테니스 등의 뼈 강화 운동을 일주일에 3일 이상, 1회 운동 시 1시간 이상 하며, 인터넷, 텔레비전이나 비디오 시청, 게임 등 앉아서 보내는 시간은 하루 2시간 이내로 제한해야 한다.

10. 유아 운동프로그램의 지도 원리로 적절하지 않은 것은?
① 추상적인 것에서 시작하여 구체적인 것으로 운동을 지도한다.
② 유아 간 나이별 체력의 차이, 운동소질 및 적성의 차이를 고려하여 지도한다.
③ 기초체력, 기본 운동 기술과 지각운동의 발달이 통합적으로 이루어지도록 지도한다.
④ 다양한 감각을 통해 구체적 경험이 형성되도록 프로그램을 구성하여 지도한다.

정답 ① **해설** 지도 원리는 적합성·방향성·특이성·안전성·연계성·다양성의 원리가 있다. ②기특이성의 원리이며, ③은 연계성의 원리 ④는 다양성의 원리이다.

11. 유아 운동 지도 시 교구 배치 방법과 그 효과에 대한 설명으로 적절하지 않은 것은?

① 공간 활용성을 높인 교구 배치로 안전사고를 예방한다.
② 시각적 효과를 높인 교구 배치로 학습자의 시선을 분산한다.
③ 순환식 교구 배치로 대기 시간을 줄여 실제 학습 시간을 늘려준다.
④ 병렬식 교구 배치로 교구 사용을 반복하여 자신감을 갖도록 유도한다.

정답 ② **해설** 시각적 효과를 높인 교구 배치는 효과적이므로 만족감을 높일 수 있다.

12. <보기>에 해당하는 발달 이론이 바르게 나열된 것은?

	발달이론
㉠	• 인간의 발달은 환경에 따른 훈련으로 이루어진다. • 학습에 의한 긍정적 행동 촉진을 강조한다.
㉡	• 유아의 다양한 경험을 토대로 동화, 조절, 평형화의 과정을 통해 도식이 발달된다. • 조직화와 적응을 강조한다.
㉢	• 타인을 관찰하는 것만으로 새로운 행동을 획득할 수 있다. • 모방학습의 중요성을 강조한다.

① 스키너의 행동주의 이론, 게젤의 성숙주의 이론, 에릭슨의 심리사회 발달 이론
② 반두라의 사회학습 이론, 피아제의 인지발달 이론, 비고스키의 상호작용 이론
③ 에릭슨의 심리사회 발달 이론, 게젤의 성숙주의 이론, 반두라의 사회학습 이론
④ 스키너의 행동주의 이론, 피아제의 인지발달 이론, 반두라)의 사회학습 이론

정답 ④ **해설** 인간의 발달은 환경에 따른 훈련으로 이루어진다는 것은 스키너의 행동주의 이론이고, 다양한 경험을 토대로 동화, 조절, 평형화의 과정을 통해 도식이 발달되는 것은 피아제의 인지발달 이론이며, 모방의 중요성을 강조하고, 유아는 주변 인물인 부모의 사용 언어 등을 관찰하고, 이를 모방한다는 것은 반두라의 사회학습 이론이다.

13. 성인체육과 비교 시 유아체육의 특징으로 적절하지 않은 것은?

① 집중력 저하를 고려한 놀이 중심의 신체활동과 지적 활동을 병행한다.
② 신체활동에 의한 성장과 발달을 통해 전인적 인간 육성을 지향한다.
③ 스포츠 활동에 필요한 전문화된 기술 습득을 강조한다.
④ 발육과 발달에 중점을 둔다.

정답 ③ **해설** 유아체육의 특징은 집중력 향상을 위해 놀이 중심의 신체활동과 지적 활동을 병행하고, 신체활동에 의한 성장과 발달을 통해 전인적 인간 육성을 지향하며, 발육과 발달에 중점을 둔다.

14. <보기>의 ㉠, ㉡에 들어갈 가장 적절한 용어로만 나열된 것은?

• 유아교육 교사 : 유아는 다양한 기본 움직임 기술이나 기초체력 향상에 관한 활동을 스스로 익히기 어렵습니다. 유아가 이와 같은 요소들을 자연스럽게 익히려면 어떻게 해야 할까요?
• 스포츠지도사 : 네. 유아는 징검다리 걷기, 네발로 걷기 등의 놀이 중심 신체활동 프로그램을 통해 기본 움직임 기술과 기초체력 요소를 향상시킬 수 있어요.

구분	징검다리 걷기	네발로 걷기
기본 움직임 기술 요소	(㉠) 운동	이동운동
기초체력 요소	평형성	(㉡)

① 안정성, 민첩성
② 안정성, 근력/근지구력
③ 조작, 근력/근지구력
④ 조작, 민첩성

정답 ② **해설** 징검다리 걷기, 평형대 이동하기는 안정성 운동으로 평형성을 이룰 수 있으며, 네발로 걷기는 이동운동으로 근력과 근지구력 향상을 목적으로 한다.

15. <보기>에서 국민체육진흥법(2014)의 유소년 스포츠지도사 자격제도에 관한 설명으로 옳은 것을 모두 고른 것은?

> ㉠ 유소년은 만 3세부터 중학교 취학 전까지를 말한다.
> ㉡ '유소년 스포츠지도사'란 유소년을 대상으로 체육을 지도하는 사람을 말한다.
> ㉢ 유소년 스포츠지도사는 유소년의 행동양식, 신체 발달 등에 대한 지식을 갖춘다.

① ㉠, ㉡   ② ㉠, ㉢   ③ ㉡, ㉢   ④ ㉠, ㉡, ㉢

정답 ④ **해설** 국민체육진흥법상 유소년의 정의는 만 3세부터 중학교 취학 전까지이며, 유소년 스포츠지도사는 유소년을 대상으로, 행동양식·신체 발달 등에 대한 지식을 갖추고 해당 자격 종목에 대하여 체육을 지도하는 사람을 일컫는다.

16. 영아의 반사에 관한 설명으로 적절하지 않은 것은?

① 비대칭 목 경직 반사(Asymmetric Tonic Neck Reflex) 검사로 눈·손의 협응과 좌·우측 인식의 발달 수준을 추측할 수 있다.
② 신경적 장애 진단을 위한 반사의 출현과 소멸 간의 관계 검사는 전문가의 도움이 필요하다.
③ 걷기 반사(Stepping Reflex) 검사로 불수의적 운동 행동의 발달을 추측할 수 있다.
④ 모로반사(Moro Reflex) 검사로 신경적인 변이나 손상을 추측할 수 있다.

정답 ③ **해설** 걷기 반사 검사로 수의적 운동 발달을 추측할 수 있는 것을 비틀어 놓아 불수의적 운동 행동으로 표현하였다.

17. <그림>의 동작에서 성숙 단계로 발달하도록 지도하는 방법이 적절하지 않은 것은?

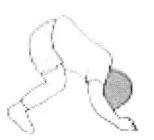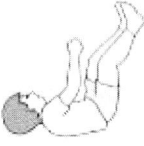

시작 단계의 구르기(rolling) 동작

① 이마가 지면에 닿게 지도한다.
② 머리가 동작을 리드할 수 있도록 지도한다.
③ 구르는 힘을 생성할 수 있도록 양팔의 움직임을 지도한다.
④ 몸이 구르는 내내 압축된 C자 모양을 유지할 수 있도록 지도한다.

정답 ① **해설** 구르기의 성숙 단계 지도는 머리 뒷부분이 지면에 살짝 닿도록 해야 한다.

18. 유아체육 지도 방법 중 '탐구적 방법'에 해당되는 내용으로 적절한 것은?

① 도입, 동작 습득, 창의적 표현, 평가의 단계별 활동 전개하기
② 학습환경에 자유와 융통성을 도입하여 더 많은 책임 부여하기
③ 시범 보이기, 연습해 보기, 언급해 주기, 보충 설명하기, 시범 다시 보이기
④ 동작 과제나 질문을 제시하고 유아들이 제안한 다양한 해결 방법을 인정하고 받아들이기

정답 ④ **해설** **정답** ④ **해설** 탐구적 방법은 교사가 활동 과제에 대한 해결책을 요구하지 않고 유아가 적합하다고 생각하는 활동 과제와 해결 방법을 인정하고 받아들인다. ①은 유아-교사 상호 주도적 교수 방법이다. ②는 직접-교사 주도적 교수 방법이다. ③ 직접-교사 주도적 교수 방법의 지시형 지도 방법이다.

19. 고강도 운동 시 성인과 비교하여 유소년에게 나타나는 생리적 반응으로 적절하지 않은 것은?
① 1회 박출량 : (성인에 비하여) 낮음
② 호흡수 : (성인에 비하여) 높음
③ 수축기 혈압 : (성인에 비하여) 낮음
④ 심박수 : (성인에 비하여) 낮음

정답 ④ [해설] 성인과 비교하면 유소년은 1회 박출량, 호흡기가 높고, 수축기 혈압과 심박수는 낮다.

20. <보기>의 ㉠, ㉡에 들어갈 용어가 순서대로 바르게 나열된 것은?

> • 특정 능력이나 행동의 발달에 최적인 시기를 (㉠)라고 한다.
> • 각 시기에 따른 유아의 발달은 특정 시기에 도달해야 할 (㉡)을 갖기 때문에 시기를 놓쳐버리면 올바른 성장이 저해될 수 있다.

① 민감기, 통합성　　② 민감기, 발달과업
③ 감각운동기, 발달과업　④ 전조작기, 병변 현상

정답 ② [해설] 특정 능력이나 행동을 발달시키는 최적의 시기를 민감기라고 하며, 민감기를 고려하여 적절한 운동프로그램을 적용하면 발달과업을 효과적으로 수행할 수 있다.

2021년 기출문제

01. 피아제(J. Piaget)의 도식(schema) 형성 과정이 아닌 것은?
① 동화 과정(assimilation)
② 조절 과정(accommodation)
③ 평형 과정(equilibrium)
④ 가역과정(reversibility)

정답 ④ [해설] 피아제의 인지발달 이론은 사물을 인지하고, 지식을 동원하여 문제를 해결하며, 현상을 이해하는 과정을 설명하는 이론으로, 인지발달 이론의 요소는 동화, 조절, 평형화 등이다.

02. <보기>에서 영유아의 신체 및 운동발달 특징 중 옳은 것으로만 묶인 것은?

> ㉠ 머리에서 다리 방향으로 발달한다.
> ㉡ 반사 및 반응 행동은 운동발달에 필수적인 단계이다.
> ㉢ 근육량의 증가로 안정 시 분당 심박수는 점차 증가한다.
> ㉣ 연령 증가에 따라 상체와 하체의 비율은 변화하지 않는다.

① ㉠, ㉡　② ㉠, ㉢　③ ㉡, ㉢　④ ㉢, ㉣

정답 ① [해설] ㉠ 신체 발달은 방향성에 의해 두미법칙이 적용되며, ㉡ 반사는 출생 후 나타나는 기본적인 움직임이다. ㉢ 근육량은 증가하지만 분당 심박수는 줄어든다. ㉣ 상·하체 비율은 나이에 따라 변화한다.

03. 비대칭 목 경직 반사(asymmetric tonic neck reflexes : ATNR)에 관한 설명으로 옳지 않은 것은?
① 생후 6개월에 나타난다.
② 눈과 손의 협응력 발달에 중요하다.
③ 원시반사의 한 유형이다.
④ 머리를 오른쪽으로 돌리면 오른쪽 팔과 다리가 펴진다.

정답 ① [해설] 비대칭 목 경직 반사는 출생 후 ~6개월 사이에 나타나며, 눈과 손의 협응력을 기르는 원시반사의 한 종류이다. 얼굴을 한쪽으로 돌려 눕히면 얼굴을 향하는 쪽 팔을 뻗고, 반대편 팔을 움츠려 흡사 펜싱 경기의 선수 같은 자세를 취한다.

04. <보기>에서 설명하는 발달 이론은?

> • 환경을 변화시켜 바람직한 행동을 형성한다.
> • 피드백을 통해 유아의 바람직한 행동을 촉진한다.

① 게셀(A. Gesell)의 성숙주의 이론
② 피아제(J. Piaget)의 인지발달 이론
③ 스키너(B. Skinner)의 행동주의 이론
④ 프로이드(S. Freud)의 정신분석 이론

정답 ③ [해설] 스키너의 조작적 조건화 이론(=행동주의 이론)은 긍정적 결과가 나타나는 행동은 계속 수행하고, 부정적 결과가 나타나는 행동은 회피하도록 학습하게 될 때 발생한다.

05. 성숙 단계 드리블 동작(dribbling)의 특징으로 옳은 것은?
① 가슴 높이에서 공을 드리블한다.
② 한발을 앞으로 내밀고 반대편 손으로 드리블한다.
③ 바운드 되는 공의 높이가 일정하지 않게 드리블한다.
④ 손목 스냅을 이용하지 않고 손바닥으로 공을 때리면서 드리블한다.

정답 ② [해설] 농구와 같은 손을 사용하는 드리블로 드리블 시 한 발을 앞으로 내밀고 반대편 손으로 드리블한다.

06. 안정성 운동 기술에 관한 설명으로 옳지 않은 것은?
① 정적, 동적, 축성 안정성으로 구분한다.
② 구르기(rolling)는 동적 안정성과 관련이 있다.
③ 재빨리 피하기(dodging)는 동적 안정성과 관련이 있다.
④ 몸통 앞으로 굽히기(bending)는 정적 안정성과 관련이 있다.

정답 ④ [해설] 몸통 앞으로 굽히기는 축성 안정성이다.

07. 에릭슨(E. Erikson)의 심리사회 발달단계 중 주도성 대 죄책감에 관한 설명으로 옳지 않은 것은?
① 자기개념 형성이 시작되는 시기이다.
② 놀이를 스스로 시도할 수 있는 시기이다.
③ 취학 전 연령기(만 3세~6세)에 해당된다.
④ 놀이를 통한 성공 경험은 주도성 형성에 도움이 된다.

정답 ① [해설] 주도성과 죄책감은 3단계로, 놀이를 스스로 시도할 수 있는 시기이며, 유치기로 만 3~6세에 해당하고, 놀이의 성공 경험은 주도성 형성에 도움이 된다. ① 자기개념 형성이 시작되는 시기는 5단계이다.

08. <보기>의 ㉠~㉢에 해당하는 지각운동의 요소를 순서대로 바르게 연결된 것은?

요소	활동
㉠	몸을 구부려 훌라후프 통과하기
㉡	박수 소리에 맞추어 리듬감 있게 점프하기
㉢	신호에 따라 오른쪽으로 회전하기

① 공간, 시간, 방향 ② 관계, 시간, 신체
③ 관계, 방향, 공간 ④ 공간, 방향, 관계

정답 ① [해설] ㉠ 몸을 구부려 훌라후프 통과하기는 공간 지각이고, ㉡ 박수 소리에 맞추어 리듬감 있게 점프하면 시간 지각 ㉢ 신호에 따라 회전하면 방향 지각이다.

09. 유아의 체력요인과 검사 방법으로 적절한 것은?
① 순발력 : 모둠발로 멀리 뛴 거리의 측정
② 근지구력 : 왕복달리기(2m) 시간의 측정
③ 평형성 : 1분간 앉았다 일어나기 동작 횟수의 측정
④ 민첩성 : 평균대 위에서 한 발로 서있는 시간의 측정

정답 ① [해설] 근지구력은 2m 왕복달리기 시간을 측정한다. ① 순발력은 제자리멀리뛰기 ③ 평형성은 평균대 위에서 외발서기 ④ 민첩성은 모둠발 뛰어넘기이다.

10. <그림>의 동작이 성숙 단계로 발달하도록 지도하는 방법으로 적절하지 않은 것은?

수직 점프(vertical jump)의 초보 단계

① 도약과 착지 지점이 멀리 떨어지도록 지도한다.
② 두 팔을 동시에 위로 올리는 협응 동작을 지도한다.
③ 두 발로 동시에 도약하고 착지할 수 있도록 지도한다.
④ 도약 후 공중에서 몸 전체를 뻗을 수 있도록 지도한다.

정답 ① [해설] 수직 점프에서 도약과 착지 지점이 멀리 떨어지도록 지도할 필요는 없다.

11. 아래의 ㉠, ㉡에 들어갈 유아체육 프로그램의 구성원리가 순서대로 바르게 묶인 것은?

- (㉠) 자신의 운동 능력을 과대평가하는 경우 안전에 주의하도록 한다.
- (㉡) 동일 연령의 유아라도 발육 발달의 개인차를 프로그램에 반영한다.

① 안전성, 다양성 ② 안전성, 적합성
③ 적합성, 다양성 ④ 적합성, 주도성

정답 ② [해설] ㉠ 안전에 관한 사항들을 이해하고 사고를 예방해야 한다는 원리는 안전성이며, ㉡ 발육과 발달 상태에 따라 개인차가 있으므로 이를 반영하는 것은 적합성의 원리이다.

12. <보기>에서 설명하는 유아의 기본 운동 기술 유형은?

> - 물체를 다루는 능력이다.
> - 추진 운동 기술과 흡수 운동 기술로 구분한다.
> - 예로 치기(striking)와 받기(catching)가 있다.

① 안정성(stability) ② 지각성(perception)
③ 이동성(locomotion) ④ 조작성(manipulation)

정답 ④ **해설** 사물을 조작하거나, 움직이는 사물을 받아들이는 운동과 근육을 조작하는 운동은 조작 운동이다.

13. 유아 운동프로그램의 구성 방법으로 적절하지 않은 것은?
① 체력을 고려한 신체활동으로 구성한다.
② 연령과 운동발달 수준을 고려한 신체활동으로 구성한다.
③ 눈과 손의 협응력 향상에 필요한 다양한 활동을 포함한다.
④ 남아와 여아의 흥미가 다르므로 분리 활동이 필요하다.

정답 ④ **해설** 유아 운동프로그램에서 남아와 여아의 분리 활동은 필요치 않다.

14. 세계보건기구(WHO, 2020)가 권장한 유아·청소년기 신체활동 지침으로 옳은 것은?
① 만 1세 이전 : 신체활동을 권장하지 않는다.
② 만 1~2세 : 하루 180분 이상의 저·중강도 신체활동을 권장한다.
③ 만 3~4세 : 최소 60분 이상의 중·고강도 신체활동을 포함한 하루 180분 이상의 신체활동을 권장한다.
④ 만 5~17세 : 최소 주 5회 이상의 고강도 근력 운동을 포함한 하루 60분 이상의 중·고강도 신체활동을 권장한다.

정답 ③ **해설** WHO 권장 유아·청소년기 신체활동 지침은 1) 만 1세 이전 : 움직임 등 가벼운 신체활동 2) 만 1~2세 : 1일 60분 이상의 저·중강도 신체활동 3) 만 3~4세 : 1일 60분 이상의 중·고강도 신체활동을 포함하여 180분 이상의 신체활동 4) 만 5~17세 : 최소 주 3회 이상의 고강도 근력 운동을 포함한 하루 60분 이상의 중·고강도 신체활동을 권장한다.

15. 체육수업 중 유아의 신체활동 참여 시간을 증가시키는 방법으로 적절하지 않은 것은?
① 활동적 참여에 대해 정적 강화를 한다.
② 과제와 동작을 최대한 자세히 설명한다.
③ 수업 전 교구를 배치하여 대기 시간을 줄인다.
④ 일부 유아들이 어려워하는 활동이나 게임은 피한다.

정답 ② **해설** 참여 시간 증가를 위해 칭찬 등 정적 강화와 수업 전 교구 등을 미리 준비하여 대기 시간을 감축시키며, 일부 유아가 싫어하거나 어려워하는 활동은 피한다.

16. 유아의 신체적 자기개념(self-concept)에 관한 설명으로 적절한 것은?
① 신체적 자기개념은 단일 개념이다.
② 신체적 자기개념은 자기효능감과는 관련이 없다.
③ 스포츠 참여를 통한 성공 경험과 스포츠 유능감 간의 관련성은 없다.
④ 스포츠 참여는 신체적 능력에 대한 개념을 형성하는 데 도움을 준다.

정답 ④ [해설] 유아기 신체적 자기개념은 복합적 개념으로, 자기효능감과 관련된 것으로, 스포츠 참여는 신체적 능력에 대한 자기개념을 형성하는 데 도움을 준다.

17. 유아의 신체활동 참여동기를 증진시키는 방법으로 적절하지 않은 것은?
① 수행력 향상을 위해 역할모델을 활용한다.
② 쉬운 과제를 성취한 경우라도 칭찬해 준다.
③ 과제 성취를 운에 의한 것으로 생각하도록 지도한다.
④ 성취 경험의 빈도를 높이기 위해 과제 난이도를 조절한다.

정답 ③ [해설] 쉬운 과제를 성취한 경우라도 칭찬 등 정적 강화를 높이고, 수행력 향상을 위해 역할모델을 활용하며, 성취 경험 빈도를 높이기 위해 과제 난이도 조절한다.

18. 유아 대상의 운동 지도 방법으로 적절하지 않은 것은?
① 자세한 설명보다는 시범을 자주 보여준다.
② 게임 파트너를 교대하며 다양한 변화를 준다.
③ 미디어를 활용하여 운동 참여에 대한 관심을 유도한다.
④ 어렵고 위험한 과제에도 신체적 가이던스(physical guidance)를 자제한다.

정답 ④ [해설] 가이던스란 조직된 교육 계획의 하나로 서비스와 같은 뜻으로 해석하면 된다. 어렵고 위험한 과제는 가이던스가 필요하다.

19. 유아 체육수업의 환경 조성에 관한 설명으로 적절하지 않은 것은?
① 유아가 선호하는 하나의 교구만을 배치한다.
② 다양한 감각 자극을 제공할 수 있는 환경을 조성한다.
③ 유아가 자유롭게 몸을 움직일 수 있도록 충분한 공간을 확보한다.
④ 적절한 교구 배치를 통해 효과적 지도가 가능한 환경을 조성한다.

정답 ① [해설] 유아가 선호하는 다양한 교구를 배치해야 한다.

20. 누리과정(2019)에서 '신체운동·건강 영역'의 내용 범주가 아닌 것은?
① 신체활동 즐기기 ② 건강하게 생활하기 ③ 안전하게 생활하기 ④ 창의적으로 표현하기

정답 ④ [해설] 누리과정은 1) 신체활동 즐기기 2) 건강하게 생활하기 3) 안전하게 생활하기 등으로 구성되었다.

2020년 기출문제

01. 유아의 발달적 특성을 고려한 신체활동 지도 방법으로 적절하지 않은 것은?
① 지도 내용과 방법에 변화를 준다.
② 목표 설정이 없는 동일한 활동을 반복한다.
③ 개인차를 고려하여 적절한 자극을 부여한다.
④ 놀이 상대를 바꾸어 주어 흥미를 유지한다.

정답 ② **해설** 지도자의 일반적 지도 기술은 ① 목표 달성과 동기부여 ② 의욕적 지도 ③ 변화가 있는 지도 ④ 심리적 특성을 고려한 지도 ⑤ 개인차를 고려한 지도 ⑥ 흥미와 안전을 고려한 지도 ⑦ 정확한 시범 등이다.

02. 미국스포츠체육교육협회(NASPE)의 유아기 신체활동 촉진을 위한 지도 지침으로 적절하지 않은 것은?
① 근육과 뼈를 강화시키는 신체활동은 피하도록 한다.
② 매일 최소 60분의 계획된 신체활동에 참여해야 한다.
③ 안전한 실내와 실외에서 대근육 활동을 해야 한다.
④ 수면시간을 제외하고 60분 이상 눕거나 앉아 있지 않도록 한다.

정답 ① **해설** NASPE의 유아기 신체활동 지도 지침은 1) 1일 60분 이상의 계획된 신체활동 2) 자는 시간 빼고 60분 이상 계속 앉거나, 누워있지 않아야 하고 3) 안전한 실내외의 대근육 운동 4) 블록쌓기 등 복잡한 작업이 필요한 운동 기술 발달 5) 신체활동에 대한 중요성을 인식하고 유아의 운동 기술을 쉽게 해야 한다.

03. 유아 발달에 적합한 실내·외 지도 환경에 대한 설명으로 적절하지 않은 것은?
① 공간의 구성은 놀이 형태와 지속시간에 영향을 준다.
② 놀이 공간과 놀이 교구는 유아의 놀이에 영향을 미친다.
③ 활동성을 고려해 좁은 공간을 확보하는 것이 바람직하다.
④ 발달과 학습을 유도할 수 있는 환경을 의도적으로 구성해야 한다.

정답 ③ **해설** 적합한 실내외 지도 환경은 1) 유아가 선호하는 다양한 교구 배치 2) 다양한 감각 자극을 제공할 수 있는 환경 조성 3) 유아가 자유롭게 몸을 움직일 수 있는 충분한 공간 확보 4) 적절한 교구 배치를 통해 효과적 지도가 가능한 환경 조성 등이다.

04. 유아의 체력 요소 검사 방법으로 적절하지 않은 것은?
① 순발력-모둠발로 멀리 뛴 거리를 측정한다.
② 균형성-평균대 위에서 외발로 서 있는 시간을 측정한다.
③ 근지구력-스키핑 동작으로 뛴 높이를 측정한다.
④ 민첩성-7m 거리를 왕복하여 달린 시간을 측정한다.

정답 ③ **해설** 근지구력은 2m 왕복을 달린 시간을 측정한다.

05. 영아기 반사의 기능이 아닌 것은
① 생존을 돕는다.
② 운동 행동을 진단한다.
③ 미래의 움직임을 예측한다.
④ 미래에 발현하는 불수의적 움직임으로, 자의적으로 연습하게 한다.

정답 ④ **해설** 반사의 역할은 1) 운동발달의 기초가 되고 2) 신생아의 생존을 돕는 임무를 수행하며 3) 미래 움직임에 대한 예측과 4) 중추신경계 장애를 진단할 수 있다.

06. 신체활동 프로그램에서 실제 학습 시간(Academic Learning Time: ALT)을 증가시키는 전략으로 적절하지 <u>않은</u> 것은?

① 설명은 간결하고 명확하게 한다.
② 주의집중을 위해 상호 간에 약속된 신호를 만든다.
③ 수업 시작 전 교구를 효율적으로 배치한다.
④ 동작에 대한 시범을 위해 오랜 시간을 할애한다.

정답 ④ [해설] 실제 학습 시간 증가를 위해 동작에 대해 시범을 오랜 시간 할 필요는 없다.

07. 영유아보육법(2011) 제1장 제2조에서 정의한 영유아에 관한 내용으로 옳은 것은?

① 생후 4주부터 1년까지의 아동을 말한다.
② 만 6세 미만의 취학 전 아동을 말한다.
③ 만 3세부터 초등학교 2학년까지의 아동을 말한다.
④ 만 6세부터 초등학교 6학년까지의 아동을 말한다.

정답 ② [해설] 영유아보육법상 영유아는 6세 미만의 취학 전 아동을 말한다. 참고로 유아교육법상의 유아는 만 3세부터 초등학교 취학 전까지의 어린이이다.

08. <보기>에서 운동 발달과 관련성이 높은 감각 체계들을 바르게 고른 것은?

  ㉠ 시각(visual) 체계
  ㉡ 운동감각(kinesthetic) 체계
  ㉢ 미각(gustatory) 체계
  ㉣ 후각(olfactory) 체계

① ㉠, ㉡ ② ㉠, ㉣ ③ ㉠, ㉢ ④ ㉡, ㉢

정답 ① [해설] 운동 발달과 관련이 높은 감각은 시각과 운동감각 체계이다.

09. <보기>의 훗트(C. Hutt)가 제시한 놀이 관련 행동에 대한 설명에서 ㉠, ㉡에 들어갈 용어를 순서대로 고른 것은?

구분	(㉠)	(㉡)
맥락	새로운 물체	익숙한 물체
목적	정보 획득	자극 생성
행동	정형화됨	다양함
기분	심각함	행복함
심장박동 변화	낮은 변화성	높은 변화성

① 모방, 놀이   ② 모방, 과제 관련 행동
③ 탐색, 놀이   ④ 탐색, 과제 관련 행동

정답 ③ [해설] 유아기에 새로운 사물을 대할 때는 탐색을, 익숙한 사물을 대하면 놀이를 한다.

10. <보기>에 해당하는 에릭슨(E. Erikson)의 심리사회 발달단계는?

- 목표나 계획을 세워 성공하고자 하는 노력하는 시기이다.
- 이동성이 커지면서 성인과 다를 바 없다는 사실을 자각한다.
- 아동은 의미 있는 놀잇감을 조작하면서 만족스러운 성취감을 경험한다.

① 1단계-신뢰감(trust) 대 불신감(mistrust)
② 2단계-자율성(autonomy) 대 수치심(shame)
③ 3단계-주도성(initiative) 대 죄책감(guilt)
④ 4단계-친밀성(intimacy) 대 고립감(isolation)

정답 ③ [해설] 목표를 세워 이를 달성하기 위해 노력하는 주도성과 목표 달성이 어렵다는 사실을 알게 되며, 이를 죄의식으로 느끼는 것은 3단계인 주도성 대 죄책감의 단계이다.

11. <보기>에 해당하는 이동운동 기술은?

- 체중을 한 발에서 다른 발로 이동시키는 기술이다.
- 달리기보다 더 높이, 더 멀리 뛰면서 바닥을 접촉하지 않는 상태를 유지한다.
- 한발로 멀리 건너뛰기를 하거나 보폭을 크게 하여 달리는 모습과 비슷하다.

① 갤로핑(galloping) ② 슬라이딩(sliding)
③ 리핑(leaping) ④ 호핑(hopping)

정답 ④ [해설] 한쪽 발로 뛰어올랐다가 같은 발로 착지하는 동작을 사용하여 이동하는 기술은 호핑이다.

12. 유아기 발달에 관한 이론의 설명으로 적절하지 않은 것은?

① 성숙주의 이론(A. Gesell) : 인간의 발달은 유전적 요인에 기인한다고 주장하였다.
② 인지발달 이론(J. Piaget) : 인간의 본성은 태어날 때부터 환경에 따른 훈련에 의해 만들어진다고 주장하였다.
③ 사회적 놀이 이론(M. Parten) : 파튼은 사회적 놀이를 사회적 참여도에 따라 여섯 가지 형태로 분류하였다.
④ 도덕성 발달 이론(L. Kohlborg) : 인간의 존엄성과 양심에 따라 자율적이고 독립적 판단이 가능하다고 주장하였다.

정답 ② [해설] 피아제의 인지발달 이론은 사물을 인지하고, 지식을 동원하여 문제를 해결하며, 현상을 이해하는 과정을 설명한다.

13. <보기>의 ㉠, ㉡에 들어갈 유아체육 프로그램의 구성원리를 순서대로 적은 것은?

(㉠)	• 연령에 따른 민감기를 고려하여 적절한 운동이 적용되면 운동발달에 효과적이다. • 신체활동의 경험, 기술 및 발달 수준, 체력을 고려한 프로그램 구성이 필요하다.
(㉡)	• 운동발달 프로그램을 구성할 때 개개인의 유전과 환경요인이 반영된 개인차를 고려하여 구성한다.

① 연계성 원리, 특이성 원리
② 특이성 원리, 연계성 원리
③ 적합성 원리, 특이성 원리
④ 적합성 원리, 연계성 원리

정답 ③ [해설] 연령에 따라 적절한 운동이 적용되어야 한다는 것은 적합성의 원리이고, 개인의 유전과 환경요인을 고려한 개인차를 고려해야 한다는 것은 특이성의 원리이다.

14. 유아체육 지도 방법과 해당 설명의 연결이 올바르지 않은 것은?

① 지시적 방법-시범 보이기, 연습해 보기, 일반적인 언급 해주기, 보충설명과 시범 다시 보이기
② 과제 제시 방법-동작을 위해 지도자나 또래의 활동을 관찰함으로써 과제 수행 방법을 이해시키기
③ 안내·발견적 방법-올바른 동작 방법을 제시하고 자유롭고 창의적으로 표현하게 하기
④ 탐구적 방법 - 동작 과제나 질문을 제시하고 유아들이 제안한 다양한 해결 방법을 인정하고 받아들이기

정답 ② [해설] 과제 제시형 방법은 유아에게 어느 정도의 의사결정을 허용하면서 유아 자신의 수준에 따라 선택한 과제 연습하기, 과제를 마친 유아가 더 높은 수준의 다른 활동에 참여하도록 한다.

15. 파튼(M. Parten)의 사회적 놀이 발달 이론에 대한 설명으로 적절하지 않은 것은?

① 혼자(단독) 놀이 : 다른 친구의 놀이를 지켜보며 가끔 구경하는 친구에게 말을 걸기도 한다.
② 병행 놀이 : 주변의 친구들과 동일한 놀이를 하지만 함께 놀이하지는 않는다.
③ 연합놀이 : 다른 유아와 활동을 공유하며 놀이에 관해 이야기를 주고받거나 놀잇감을 빌려주기도 하지만 놀이 내용이 조직적으로 전개되지는 않는다.
④ 협동 놀이 : 역할의 분담과 목적의 공유가 이루어지는 단계로서 병원 놀이 같은 것이 있다.

정답 ① **해설** 단독놀이 단계는 주위 아이들의 놀잇감과 다른 놀잇감으로 혼자 논다.

16. <보기>의 ㉠, ㉡에 들어갈 기본 운동발달의 요소를 순서대로 고른 것은?

㉠	• 배트로 치기 연습하기(striking) • 날아오는 공을 발로 잡기(trapping)
㉡	• 철봉 잡고 앞뒤로 흔들기(swinging) • 몸통을 굽히거나 접기(bending)

① 이동운동, 조작 운동
② 조작 운동, 안정성 운동
③ 안정성 운동, 조작 운동
④ 조작 운동, 이동운동

정답 ② **해설** 배트로 치면 추진 조작 운동, 날아오는 공을 발로 잡으면 흡수 조작 운동이고, 철봉을 잡고 흔들면 동적 안정성 운동, 몸통을 굽히거나 접으면 축성 안정성 운동이다.

17. <표>의 ㉠, ㉡, ㉢에 들어갈 던지기(overarm throw) 동작의 발달단계를 순서대로 바르게 짝지은 것은?

발달 단계	특징	동작
㉠	• 체중은 명확하게 앞쪽으로 이동됨 • 던지는 팔과 같은 쪽의 다리를 앞으로 내밈	
㉡	• 준비 움직임 동안 체중을 뒷발에 실음 • 체중이 이동하면서 반대 발이 앞으로 나아감	
㉢	• 양발은 고정된 상태를 유지함 • 던지기를 준비하는 동안 양발을 이동하는 경우가 자주 있으나 특별한 목적은 없음	

① 초보, 성숙, 시작
② 성숙, 시작, 초보
③ 시작, 성숙, 초보
④ 초보, 시작, 성숙

정답 ① **해설** 오버핸드 던지기에서 ㉢ 양발이 고정되면 시작 단계이다. ㉡ 체중을 이용하면 성숙 단계이고 ㉠ 체중을 앞쪽으로 이동하면 초보 단계이다.

18. <보기>의 밑줄 친 ㉠과 관련 깊은 지각운동의 유형은?

지도사 : 오늘은 잡기 놀이를 해볼까요? 술래 친구가 정해지면 술래를 피해 달아나 보세요. 술래를 잘 피하려면 어떻게 해야 할까요? 유 아 : 술래에게 안 잡히려고 빨리 도망가야 해요! 지도사 : 네! 맞았어요. ㉠ 술래가 움직이는 걸 보고 술래의 앞쪽이나 뒤쪽, 술래의 왼쪽이나 오른쪽으로 가면 잡히지 않고 도망갈 수 있어요. 그럼 우리 모두 한 번 해볼까요? 유 아 : 네!

① 시간 지각   ② 관계 지각
③ 신체 지각   ④ 방향 지각

정답 ④ [해설] 보기는 방향 지각이다.

19. 2019 개정 누리과정에서 '신체운동·건강 영역의 세부 내용에 대한 설명으로 적절하지 않은 것은?
① 신체 움직임을 조절한다.
② 신체를 인식하고 움직인다.
③ 경쟁 활동을 통해 스포츠 기술을 습득하고 건강을 증진한다.
④ 기초적인 이동운동, 제자리 운동, 도구를 이용한 운동을 한다.

정답 ③ [해설] 누리과정의 신체활동 즐기기의 세부 내용은 1) 신체를 인식하고 움직인다. 2) 신체 움직임을 조절한다. 3) 기초적인 이동운동, 제자리 운동, 도구를 이용한 운동을 한다. 4) 실내외 신체활동에 자발적으로 참여한다. 등이다.

20. <보기>가 설명하는 질환은?

• 주로 생후 6개월~5세 사이의 영유아에게서 발생한다. • 갑자기 올라간 고열과 함께 경련을 일으킨다. • 주된 원인으로 고열뇌 손상, 유전적인 요인 등이 거론된다.

① 독감 ② 근육경련 ③ 2도 화상 ④ 열성경련

정답 ④ [해설] 보기는 열성경련을 설명하고 있다. 주로 생후 6개월~5세 사이에 영유아에게서 발생하며, 갑자기 고열과 함께 경련을 일으킨다. 주된 원인은 뇌의 산소 부족, 뇌부종, 탈수, 뇌의 독소 침입, 유전적인 요인 등이다.

 집 필 후 기

많은 분이 합격하여 위대한 유소년 스포츠지도사가 되십시오.

유소년스포츠의 발전 가능성은 매우 크다고 확신하면서, 이를 더욱 발전시키겠다는 생각으로 오랜 밤을 지새우고, 어려운 작업을 끝냈습니다. 아직 시험 칠 기간이 많이 남았음에도 불구하고 어느 부분에서, 어떤 유형의 문제가 출제될 것이라는 느낌을 만들어야 하고, 이를 반영해야 하는 절차는 결코 수월한 일이 아니었습니다. 아울러 출제 빈도와 출제 유형 분석을 통해 높은 점수를 받아 쉽게 합격할 수 있도록 최적화하였습니다.

쉽게 설명하고, 빨리 이해할 수 있도록 문장 명료화와 함께 도식화·도표화를 많이 포함했습니다. 기출문제의 출제 유형을 분석하여 해당되는 부분에 넣었기에 학습하면서 바로 이해하고, 예상 문제를 머릿속에 그릴 수 있도록 편집하는 등의 노력을 기울였습니다. 선택과목 보다 상대적으로 공부해야 할 분량이 적고, 비교적 수월한 필수과목에서 높은 점수를 받아야 합격하기 쉽습니다.

큰 노력에도 불구하고 내용 중 오·탈자가 나올 수 있고, 인쇄가 끝난 후 살펴보면 논리적 오류가 발생할 수도 있습니다. 인쇄 후 오류가 발견되면 이를 알리는 방법은 다음카페 스포츠자격시대(http://cafe.daum.net/sports31)의 스포츠지도사 도서 내용 수정에 이를 게시합니다. 다소 불편함이 있더라도 시험 전에 꼭 방문하여 확인하시기 바랍니다. 시험에 관한 모든 사항을 전화 또는 이메일로 질문하시면 답변해 드립니다. 필기시험의 합격은 물론 실기·구술시험까지 합격하고, 연수를 무난히 마치어, 유소년스포츠의 발전과 이를 더욱 촉진하는 위대한 스포츠지도자가 되십시오. 이 책으로 공부하신 많은 분의 합격 소식을 기다리겠습니다.

2025년 2월 일

저자 장승규 드림